代疑案

李文军◎著

中国出版集团
中国民主法制出版社
全国百佳图书
出版单位

图书在版编目（CIP）数据

辽代疑案 / 李文军著 . —北京：中国民主法制出版社，2022.3
ISBN 978-7-5162-2673-5

Ⅰ . ①辽…　Ⅱ . ①李…　Ⅲ . ①中国历史—辽代—通俗读物　Ⅳ . ① K246.109

中国版本图书馆 CIP 数据核字（2021）第 150652 号

图书出品人：刘海涛
出 版 统 筹：石　松
责 任 编 辑：张　婷

书　　名／辽代疑案
作　　者／李文军　著

出版 · 发行／中国民主法制出版社
地址／北京市丰台区右安门外玉林里 7 号（100069）
电话／（010）63055259（总编室）63058068　63057714（营销中心）
传真／（010）63055259
http: // www.npcpub.com
E-mail: mzfz@npcpub.com
经销／新华书店
开本／16 开　710 毫米 ×1000 毫米
印张／12　　**字数**／144 千字
版本／2022 年 3 月第 1 版　2022 年 3 月第 1 次印刷
印刷／北京天宇万达印刷有限公司

书号／ISBN 978-7-5162-2673-5
定价／42.00 元

序

疫情持续，宅居之际，收到李文军教授新作《辽代疑案》书稿，嘱为作序，欣悦之余，略带惶恐：对于辽代法律，我素疏关注，遑论研究。乃静心捧读，以求通解。阅后体会三，胪列如下。

第一，富有开拓性。辽代法律在传统中国法系棋盘上属于不太起眼的单元格，相对汉文化塑造下的主流政权，契丹建立的辽，无法被纳入“正统”王朝体系，关注度低下；资料的缺乏，又给研究者造成了巨大障碍，日本学者所说的“研究的界限已经到了令人伤心的程度”似乎并不夸张。文军能以案串法，以法证法，披沙觅金，细心缀补，使得原本模糊不清的单元格逐显清晰，充实了中国法系的棋盘，在很大程度上，开拓了辽代法律史研究的新领域。

第二，颇具可读性。据文军介绍，该书稿是在央视《法律讲堂》系列讲座基础上加工而成的，难怪读来生动亲切。作者将原本枯涩难懂的辽代法律及案例，娓娓向读者道来，即便没有任何法律史知识背景的人，阅读后也大致能理解辽代法律制度及其实际运行状况，法律史知识的普及效果特别明显。

第三，蕴含启发性。意大利学者克罗齐在《作为思想和行动的历史》中说过：“在一切历史判断的深层存在实际需求，因为从年代学上看，不管进入历史的事实多么悠远，实际上它总是涉及现今需求和形势的历史，那些事实在当前形势下不断震颤。”他强调的是一切历史均可赋予“当代史”的性质。唐代李白的诗句“今人不见古时月，今月曾经照古人”，意指历史的可穿越性：同一片天地之下，人类生活的时代虽然相隔久远，但人性、人情均有共通之处。黑格尔曾深刻揭示：人们总结历史教训，却不从历史中吸取教训。的确，历史可以再现，历史教训也常常重演。尽管如此，不断总结历史经验或教训，提示后人借鉴，依然是历史学家的天职和使命。

本书聚焦于已然远逝的辽代法律，恪守法律史家的使命：叙说法的历史，反思法的历史，希冀启迪当下。如在第六讲第二节“皇太叔身死家灭”一节中，作者感叹道：领导干部有良好的家风真是太重要了。像耶律重元这样，不注意家风建设，结果家属就不像样子。自己的儿子是个“坑爹”的角色，野心勃勃，天天抱着非分之想鼓动父亲造反；妻子呢，平时花枝招展不注意影响也就算了，在受到批评的时候不虚心接受，居然也怂恿丈夫叛乱。摊上这样的家人，耶律重元算是倒霉，也是他忽视家风建设，咎由自取。从辽代法律史中，用生活话语白描出通俗易懂的道理，现实的警示意义自在其中。书中的此类叙述，多有所见。

以上是我读了该书稿后的总体印象。借此机会，我还想就法律史学者的研究如何获得立法机构及部门法同行的认可、法律史知识如何为大众所接受，提点个人浅见。

一般法律史学术著作均具备专、深、精的特征，但阅读面多限于极少数志趣相投的同好圈内，成果多在评定职称、申报奖项时用得着。个人购买的学术著作，或同行之间互赠的作品，能细读前言、后语、篇章目录及参考文献的，已颇为难得。大多情况下，研究者只有在需要参考某部分内容时，才会从书架上抽出，找到所需部分，引用、标注后即归原位。专业领域相距太远的，可能连粗略翻阅的欲望都没有。法律史学术要走向大众，更是谈何容易！

20 世纪末期，曾出现学术大师热，如“陈寅恪热”“钱锺书热”等。就实际而言，社会上有几个人读过陈先生的《金明馆丛稿初编》

《元白诗笺证稿》《唐代政治史述论稿》《隋唐制度渊源略论稿》等作品？还不是因为陆键东先生的传记体著述《陈寅恪的最后 20 年》出版，才引起人们对这位大师的关注；又有几人读过钱先生的《管锥编》《七缀集》等著作？还不是因为小说《围城》被改编拍成电视连续剧，钱先生（连带杨绛先生）才成为被关注的“明星学者”！可见影视作品对学人、学术的巨大传播能量。

《明朝那些事儿》《雍正王朝》《步步惊心》《天下粮仓》《宰相刘罗锅》等通俗读物及影视作品，无疑激起了大众对明清历史及相关主人翁如“四阿哥”（雍正皇帝）、乾隆皇帝、纪晓岚、和珅等角色的兴趣。不过，正如社会史名家冯尔康先生所言：社会上流行“戏说”历史的影视剧，受众对于那些历史人物和故事将信将疑，甚而信以为真，产生对历史的误解，不利于对历史的正确解读，是以史学家有责任去说明历史真相，去“正说”历史。欲达到正说的目标，就必须“细说”，讲出有血有肉的、丰富多彩的历史，而不是干瘪的、公式化的历史。（参见《冯尔康文集：师友述怀·序跋札记》，天津人民出版社 2019 年版，第 207 页）近年来，中国法律史界的学者如柏桦、林乾、郭建、龙大轩等教授，都是央视各类节目的常客，其学养积淀的深厚、文字表达的生动及肢体语言的洒脱等，属于同侪中的佼佼者，均能在“正说”基础上“细说”法律史，堪称“影视法律史学”的先行者。只是墙内开花墙外香，这些先行者的展示竟然时常不被圈内同行看好，原因不外是：有形同传统“说书者”的嫌疑；上电视节目不计入单位正常工作量；讲座后形成的通俗出版物不算正规学术成果……

“正说”法律史与“戏说”法律史截然不同，戏说可以通过添油加醋、故弄玄虚的方式，吊足受众胃口，博得廉价喝彩。正说则需遵循求真、求用的原则：求真，要求尊重历史事实，事事有本源，字字有出处；求用，要求表达清晰，深入浅出，雅俗共赏。如此这般，方能使法律史的“古董”知识变得鲜活生动，为受众喜闻乐见。

法律史学者经常抱怨立法机关及部门法学者冷落法律史的功用，普罗大众更不知晓法律史的知识、趣味。其实法律史学人也该反躬自问：对法律史的阐释解读，是否能让法学界其他同行理解信服，宣讲方式能否满足社会大众了解法律史知识的渴望?

如何让法律史的研究成果为立法机关所采纳，为部门法同行所重视，为社会大众所知晓?通过传媒平台的宣讲，并及时将宣讲成果结集出版，使深奥的法律史知识走出象牙之塔，惠及更多受众，不失为良方善途之一。

文军在硕士、博士阶段均随我研读，相稔有年，谊兼师友。他心地纯良，清秀灵慧，为法史学界的后起俊彦。就此，祝贺他新著出版，并期望他稳健前行，有更多成果呈现。

是以为序。

张仁善

2020 年 2 月 26 日星期三

于金陵御沁园

前　言

在中国传统法律文化研究中，辽代的法律文化是值得重视的内容。从公元10世纪到公元12世纪，契丹族所建立的辽王朝雄踞中国北方二百余年，长期与中原交往互动，甚至多次在中原政权的更迭中起到关键作用。国力强盛的辽王朝在法制文明方面也取得了不俗的成就。然而长期以来，对辽代法律文化的研究一直颇为冷清。这种局面之所以出现，一方面是因为其意义尚未被充分认知，由于学科隔膜等因素，即使是民族史或辽史的研究者，也可能对辽代法制的闪光点习焉不察，或者至多认为其某些做法有可取之处，但体系性的重要贡献乏善可陈；另一方面的原因则是资料限制。与唐、宋、明、清诸朝不同，辽代史事的研究者向来深受史料不足之苦。对此，日本学者杉山正明曾说，“研究的界限已经到了令人伤心的程度。与其说缺失的链条多，不如说了解的情况少”。不只如此，仅有的辽史史料还存在颇多舛误、错讹，使用时让人感觉“地雷遍地、寸步难行”。以上因素综合起来，使得辽代一些对后世有重要影响的法制创举，其重要意义仍未得到充分挖掘。

在笔者看来，辽代法律文化中的闪光点，对全面认识中国传统法律文化意义甚大。从西晋末年开始，来自北方草原和山林的游牧族群便在中原多次建立政权，且不乏北魏这样相对统一的王朝政权，但这些族群在依靠军事力量进入中原的过程中，大都放弃本族故地、失去文化后方，成为无根基的军事政治集团。他们很快被融入内地门阀世族的体系中，依据在该体系中的占位和中原大族一道分享国家资源。这种情况一方面使这些族群集团缺少制度创新的足够动机，另一方面也使其因失去故地而丢掉了制度创新的宝贵资源。其结果就是，这些政权未能突破中原传统体制，没有作出自己的独特贡献。而自辽代开始，前述情形为之一变。辽代在通过军事征服占有行中原制度的渤海国和属于汉地的燕云十六州后，并未将统治的重心转移到这些地区，而是在治理这些地区的同时，仍然以主要精力维持草原根据地的人力资源与文化根基，采用了"以国制待契丹，以汉制待汉人"的"一国两制"模式，并相应地确立南北面官分立的职官体制。这种制度体系超越了生态系统和民族界限，比中原汉制更具弹性、更加容纳多样化，辽代二百余年的统治证明，他们在这方面的实践是富有成效的，成功地维持了多元结构的统治地域。

另外，辽代君臣主奴化的政治伦理也对此后中国的君臣关系和官僚体制影响深远。传统中原王朝的君臣之间，是兼有父子、兄弟、朋友伦理及主客之道的一种关系，虽然也分尊卑，但含有相当程度的礼敬之意。而辽王朝这样的游牧民族帝国，则将草原上主奴之间的从属习俗带入了政治系统。国家与牛马、草场一样都是皇帝的私产，臣子则被视为皇帝的奴仆甚至"想做奴隶而不得"，从而塑造了一种支配性较强的官僚制格局。这种格局在此后的金、元进一步发展，成为明、清君主专制空前强化的源头，并因中国古代"官、法同构"的制度模式而对法制产生了重大影响。综上所述，辽代在中国历史上第一次显著地面对特殊版图结构，并且采取了有明显新因素的制度体系进行治理，这些使关注辽代法律文化的意义凸显出来。

在认识其意义的基础上持续推进辽代法律文化研究，首要的着力点是克服史料缺乏的限制。从现实情况看，史料短期内不可能显著增加，那就要以转换研究思路为突破口。具体来讲，就是要对史料与史事之间的关系进行新思考。传统历史研究的信条，是胡适先生所提倡的“有一分证据说一分话”，这本是近代以来历史研究讲求科学性的见道之言。然而，真理再向前一步就可能变成谬误。如果面对史籍失载而保持沉默、绝不妄发一语，甚或将史书无载认定为不存在，这就是过犹不及了。正如李开元先生所言，如果将这种态度推广到整个历史学中，“有一分证据说一分话”的警语就变成了咒语，会让大众产生“没有记载＝不曾发生”的误信，其结果是“历史学将只会剩下破碎的断片，而失去完整的篇章；前言不搭后语的失衡，最终难免陷于失语”。辽代这样史料极少的朝代尤其如此。过去的事，进入今天传世史籍的万不及一，研究史籍记载极少的过往史事，应当修炼一种“有一分材料说十分话”的功夫，才能较完整地展现历史图景。这种“说十分话”当然不是鼓励信口开河，而是当我们面对十分有限的材料，在其可信度达到要求的情况下，应当基于研究的积累多方联想，由一条材料生发出十条线索，对“真相”的可能性持开放态度，在直接史料不足的情况下，尽可能搜寻间接的旁证史料，根据蛛丝马迹进行合理的联想和推测，钩沉索隐，积极形成关于历史事实的判断，以留待后人的证明或证伪。此种思路若得到践行，会成为有效的研究增长点，对法律文化而言意义尤为明显。法律文化侧重法律文明中的观念形态层面，将人类法律实践活动（包括立法、司法、思维等）视为统一的整体或过程来把握，主要关心人类法律活动的总体精神（即“法统”）和宏观样式（即“法体”），它与宏观、综合、系统的研究方法紧密相连。因此，在已知细节的基础上，对法律文化的总体精神和逻辑进行归纳判断，即使按照传统史学的标准，其学术上的风险也远小于对具体史事的研究，因此更有提倡的价值。

与前述着力点相一致，在辽代法律文化研究中需要多用历史观察中的“直觉”方法，即以参与者的思维去阅读和阐释史料。传统的史学研究，多强调研究者与史料保持一定距离，以求能保有“出乎其外”的客观中立性。这种认识确实有很高的价值，但它在理解历史当事人对那个时代的切身感知方面存有局限，而这种感知是理解那个时代必不可少的。如果不以同理心去体会这种感知，史学所追求的“还原真实”未免会显得空论高悬。因此，正如欧洲文化史研究的巨擘雅各布·布克哈特所言，研究积累到一定程度后，研究者“不再会对每件事情、所有事情的价值作出那种貌似客观的泛泛认同，而要让自己重新变得偏狭”。这里所谓的“偏狭”就是重新注入感情、捡起爱憎，在历史叙事中不忽略亲历者们的切身感知，以同理心感受那个时代的“用户体验”，这也是把历史叙事还原到了对“人”的根本价值关怀。更何况，法律观念、法律意识及受众心态本就是法律文化的重要组成部分，体会亲历者的感知并加以描述，也是丰富那个时代法律图景的应有之义。

最后，从表达形式而言，作为以上研究路径的延伸，大众史学的表达应得到更多的重视。这里所说的大众史学，并不是披着史学外衣的文艺作品，而是严肃的史学研究成果，只是其表达方式要更“亲民”一些。正如姚大力教授所言，好的大众史学作品可以把历史叙事还原到总体历史图景，还原到根本价值关怀，并且能反映学术研究前沿。在这三个方面，它一点也不比“专业化”学术写作的要求低。但是，由于当前的科研评价标准以及由此造成的研究者心态，历史研究的科普性、大众化表达相对受到轻视。如前所述，研究辽代法律文化，应该相对容许对细节的合理想象和推测，并注重历史经历者的主观感受与认知，这种路径与大众化和科普性的表达方式极为契合。科普与大众化当然也要求成果本身的科学性，但其不要求绵密引证和系统论证的阐述方式，给细节推测和感受抒写留下了充裕的空间，也会给读者带来较为愉快的阅读体验，十分有利于研究受众的增加，促使更多的人关注辽代法律文化研究。“关注就是力量”，这种潜在的社会基础，必然能使辽代法律文化研究得到更多的支撑，为更全面认识中国传统法律文明贡献力量。

本书中的文字，就是对以上思考进行实践的结果。自2016年下半年和中央电视台《法律讲堂》栏目组结缘，在喻佳、陈德鸿、权勇等老师的关怀与指导下，笔者以辽代的若干法律事件为题材，两年多时间里先后在《法律讲堂》栏目主讲二十一期节目，汇集成为《辽代疑案》。本书就是在讲稿基础上整合而成的。登上中央电视台《法律讲堂》栏目，对于我这个以教书为业的人而言是一种莫大的荣耀，我在这个过程中收获良多，因此对《法律讲堂》栏目组满怀谢意，也坚定了努力将法律文化研究成果普及的决心。本书只是这一努力的开端，以后的路还长。

在讲稿写作过程中，笔者参考了诸多辽代史事研究成果，既有陈述、蔡美彪等先生的学术著述，也有刘喜民先生(《契丹·大辽九帝》)、李强先生（《辽太祖阿保机的耶律家族》)、袁腾飞先生（《塞北三朝》)的大众化、普及性文字成果，限于体例，不便一一标明参考之处，在此一并致谢。张仁善老师将我带入法律史学的大门，多年来不断教导和加持，使我逐渐成长；此次为本书作序，不但使这本小书增色不少，也使法律史研究普及化获得莫大助力。

李文军 谨识

2020年2月20日

目　录

第一讲

太子出奔

一、太祖称帝

公元 907 年，唐朝灭亡，中国历史进入了混乱而黑暗的五代十国时期，中原大地一片残破，就在这个时候，中国北方一个原来臣属于唐朝的少数民族强大起来，建立了一个立国二百余年的大帝国，这就是辽朝。辽太祖耶律阿保机把辽朝发展壮大成为一个强大的帝国，对当时的中原王朝，产生了很大的影响。中原的统治者要么争着结好辽朝，称子称侄，以争取辽朝的支援；要么和辽朝势不两立，多次和辽朝死磕，交战不断，但往往是败多胜少。所以说当时的辽朝，对中原王朝的政局变化，起着不可忽视的作用。

公元 930 年 11 月，辽朝发生了一件震惊朝野的大事，辽朝历史上的第一个皇太子耶律倍，竟然离开自己的封地东丹国，并放弃了自己的故国，经海路从辽东出发，在山东半岛的登州，也就是今天的山东蓬莱登陆。登州，在当时不是辽朝的领土，而是中原王朝后唐的领土。后唐算是五代中一个比较强大的中原王朝，和经常南侵的辽朝摩擦不断，双方可以说是不折不扣的敌国。而耶律倍作为辽朝的皇太子，竟然背弃自己的故国，浮海投奔敌国，这是为什么？一个国家的皇太子，就是一国的储君、皇位继承人，居然放着现成的皇位不坐，却背井离乡投奔敌国，这在古今中外历史上都很罕见。在距离现在不远的世界历史上，苏联领导人斯大林的女儿叛逃到美国，可以说曾经震惊了东西方两个世界。更何况，耶律倍所在的时代，是世袭制天经地义的时代，他作为皇太子，为什么要浮海出奔？又为什么选择敌国后唐？辽朝政坛究竟发生了什么？

根据史书记载，耶律倍在浮海投奔后唐的时候，带了他的妻子高氏和随从四十余人。除了这些人，他的船队所带的物品中，最多的就是书，保守估计也得有一万卷。而且这些书籍的内容包罗万象，拿今天的概念去对应，包括中医、阴阳学、文学、美术、音乐、历史、地理，以及儒家经典等。在出走故国的时候，带得最多的居然不是金银财宝，而是书籍，耶律倍的志趣可见一斑，也让这次出奔显得有点诡异。到了后唐，他受到了后唐朝廷的热烈欢迎。当他在登州登陆之时，岸上来迎接他们一行的，是阵仗很大的人群。后唐朝廷的高官，恭恭敬敬地在岸边迎候，并且为耶律倍准备了天子仪仗。总之，后唐给耶律倍的待遇很高。那双方是不是早有默契？后唐为什么要用如此隆重的仪仗，来迎接敌国的皇太子呢？后唐这么做，不怕得罪让他们很忌惮的辽朝吗？

辽朝政坛的确发生了地震。耶律倍越海投奔后唐，此时距离他的父亲耶律阿保机去世已经四年，辽朝的新皇帝是耶律倍的弟弟耶律德光，也就是说，太子耶律倍已经失去了继承皇位的权利。那么，在耶律阿保机去世之后究竟发生了什么，为什么没有完成似乎既定的权力交接呢？

公元 926 年 9 月，辽太祖耶律阿保机在灭了渤海国以后班师途中病逝，时年五十五岁。对于辽朝来说，如果皇位继承人不马上登基的话，就会出现权力真空。历史上太多王朝的权力更替都伴随着血雨腥风，所以这个时刻对于整个耶律阿保机家族来说，是一个形势异常严峻危急的时刻。而这个时候，耶律阿保机的大儿子耶律倍和二儿子耶律德光都不在身边。耶律德光在带领辽朝的兵马镇压渤海人的反抗；皇太子耶律倍呢？人在渤海国。因为耶律阿保机攻灭渤海国以后，把渤海国改为东丹国，意思就是东边的契丹国。耶律倍被封为东丹国王，号“人皇王”。这个“人皇王”有什么含义呢？耶律阿保机称帝建国的时候，群臣给他上了尊号为“天皇帝”，他的妻子述律氏被尊为“地皇后”。现在长子耶律倍又被封为“人皇王”，天、地、人，帝、后、王都齐了，耶律倍名正言顺地成为辽朝的第三号人物，东丹国可以算是他自己的地盘了。在耶律阿保机走后，各地发生了叛乱，耶律倍要督促辽朝的兵将征讨，所以当时也不在耶律阿保机身边。为什么这个时候对他们家族来说非常危急呢？因为很多辽朝贵族，包括耶律阿保机的几个弟弟在内，对耶律阿保机早就不满了。那么，他们仅仅是为了耶律阿保机手中的权力吗？还不是，事情并没有这么简单。他们想要的很可能是原来的契丹，而不是耶律阿保机沿用汉制亲手缔造的大辽帝国，这又是怎么回事呢？

前面说过，契丹几百年来历尽艰难曲折，后来在唐朝末年，借中原王朝混乱、衰弱这个有利时机强大起来，耶律阿保机是使契丹强大起来的关键人物。当时契丹民族由八部组成，每一部各有首领，八部会从八个首领中公推一人为部落联盟的总首领，称为可汗。但这个可汗不是终身制的，而是三年一改选。如果现任可汗达不到“群牧孳盛、人民安堵”的要求，就要另选“有德行功业”或“雄勇有谋者”替代。这种制度的好处是纠偏比较及时，发现你不行，就找人取代你；而且既然是各部首领民主推选产生的，那各部就比较服你。但这种制度也有一个问题，就是太短视，只看三年政绩。万一这个可汗在三年中运气不好，遇到天灾或强敌攻打，再能干也要下台。再说了，推选制表面上民主，但实际上推选的过程暗流涌动，有实力的人合纵连横，弄不好就是各部血战。耶律阿保机是契丹民族当中不世出的杰出人物，他在担任契丹部落联盟的军事首长夷离堇的时候，就以自己的雄才伟略东征西讨，平定了许多内乱和外患，最后当上了契丹可汗。但按照惯例，即使是像耶律阿保机这样的人也不能一直连任。耶律阿保机应该是意识到了这个问题，所以自当上可汗以来，四五年都没有再举行改选仪式，而是一直连任。结果他的弟弟们就不干了，其他七部首领也群起反对他。耶律阿保机的四个弟弟，从公元911年到913年，一年都没有消停过，发动了三次叛乱，危险性一次比一次大。第三次叛乱时甚至焚烧了耶律阿保机的可汗庐帐，夺去了作为可汗象征的旗鼓。耶律阿保机不得不借助外族的力量，才把叛乱平定下去。

经过这三次惊心动魄的平叛战争，耶律阿保机勉强算是摁住了弟弟们的反抗。两年以后，耶律阿保机又搞了一次契丹版的“鸿门宴”——盐池之会，把其他七部首领召集到他的属地盐池城赴宴，借机除掉了他们。这样一来，耶律阿保机就成为契丹民族无可争议的首领。又过了一年，耶律阿保机的第三届任期满了以后，他打算走个形式，再举行一次可汗改选仪式。这个时候的改选其实就是走过场，因为耶律阿保机已是唯一的候选人，稳操胜券。这时，耶律阿保机的一个汉族谋士韩延徽劝阻他说，你不要再举行什么可汗选举仪式了，虽说你是稳赢的，但毕竟有任期啊，三年就得改选一次，指不定会出什么岔子呢。你看中原王朝的皇帝，就不存在这个问题，一旦上位，就是终身制，而且可以传子传孙。耶律阿保机觉得很有道理，近几年因为汗位发生的内部纷争给他的教训太大了，几次平叛战争，让契丹人口减少了十万左右，马匹的损失则超过万匹，耶律阿保机本人也几次险遭不测。对于中原汉制，耶律阿保机向来是很欣赏的，因为他很早就尝到了甜头。他的部族之所以能迅速发展壮大，就是因为收纳了很多因河北战乱逃过来的汉族移民，建立了很多汉式城郭，汉族的农耕、冶铁、煮盐等技术也被带了过来。耶律阿保机和中原的贵族早有往来，对汉制的优越性是比较了解的。听了韩延徽的建议，耶律阿保机决定不举行可汗改选仪式了，也不当什么可汗了，直接称帝。

公元 916 年，耶律阿保机在龙化州，也就是今天内蒙古的通辽登基称帝。在称帝的时候，对于汉族王朝皇帝即位时要的那些把戏，耶律阿保机也是照猫画虎，一个不落。比如，群臣要上表劝进，即百官都要劝你即位，耶律阿保机“推辞”了三次，然后才答应。再比如，要上尊号，即群臣在宰相的率领下，给耶律阿保机上尊号为“天皇帝”，尊皇后述律氏为“地皇后”。耶律阿保机建立年号为“神册”，国号为

"大契丹国"，后来辽太宗改为"大辽"。耶律阿保机即位之后，就封自己的长子耶律倍，也就是他和述律后所生的长子突欲为皇太子。耶律倍也就成为辽朝历史上第一个皇太子。

耶律阿保机的登基称帝，不仅是给契丹民族的首领换了名号，而且进行了一次全方位的体制变革。从国家制度这一方面说，以后契丹民族的首领和汉人王朝的首领一样，是皇帝了。皇帝就是天子，不是基于部落的推选，而是像耶律阿保机建立的年号所表明的那样，是"神册"，就是神的册封，那是终身制；不但是终身制，而且要传子传孙，不能再像以前那样，首领死了或任期满了，就在他的父兄子侄当中推选。于是，耶律阿保机就册封耶律倍为辽朝历史上第一个皇太了，意思就是，在耶律阿保机千秋万岁之后，由耶律倍来当皇帝。而耶律倍这个本该当皇帝的人，浮海出奔到敌国，和耶律阿保机去世时的特殊情况有关系。

耶律阿保机在登基称帝以后，继续南征北战，为辽朝打下了一大片江山。在他称帝的第十个年头，他带着长子耶律倍和次子耶律德光，带兵攻灭了有"海东盛国"之称的渤海国。这个渤海国在东北亚，国土主要包括今天中国的东北大部、黑龙江和乌苏里江东边的俄罗斯领土以及朝鲜半岛北部。国都在忽汗城，也就是今天黑龙江的宁安。灭了渤海国以后，辽朝领土的东边就直达大海，耶律阿保机的赫赫战功就告一段落了，于是他动身返回皇都。就在返回途中，还没走出渤海国境，耶律阿保机在扶余城，也就是今天的吉林农安县染病身亡，后来被追谥为辽太祖。

国不可一日无主，按理说国有储君，应该让皇太子耶律倍继位。可是，当时的情况实在有些特殊。因为耶律阿保机打破了契丹推选可汗的惯例，招致了包括他弟弟在内的契丹贵族的强烈不满，他是以武力压服了反对势力，才称帝建国的，而且他才当了十年皇帝就去世了。一个强人离去，以前被他摁住的各种反对势力肯定是蠢蠢欲动，而且他的儿子们还不在身边。这不但是耶律阿保机家族的危急存亡之际，也是关涉辽朝以后发展方向的关键时刻。

面对这样的危局，在耶律阿保机死后的第二天，其遗孀辽朝述律后就挺身而出，宣布由她“临朝称制，权决军国事”。那么，在夫君已死、儿子们又不在身边、反对势力群情汹涌之时，述律后能够稳住局面吗？女主临朝，在汉族王朝的政治传统中，向来被认为不是什么好事。汉代的吕后、唐代的武则天，都身负骂名，尚武彪悍的契丹人能买述律后的账吗？

在北方少数民族当中，女主摄政是一个相对比较常见的现象。原来的可汗或皇帝死了，新君还没有产生，就由原来君主的遗孀称制，组织一个看守政府，直到新君即位。这不仅在辽朝出现过，后面的元朝也不止一次有过这样的事例，应当说不是什么稀罕事。但述律后所面临的情况有点特殊。当时，中原式的皇位继承方式还没有深入人心，反对势力依然非常强大。在耶律阿保机死后的权力真空期，那些契丹贵族可以说是摩拳擦掌、跃跃欲试，都想过一把可汗瘾。那么，能不能摆平这些反对力量，实现父死子继，使皇位不致旁落到耶律阿保机的儿子们之外，就全看述律后的能力和手腕了。幸运的是，述律后就是一位能力超群、政治手腕过人的女强人。

从血统上来讲，述律后是回鹘人，回鹘也是我国古代北方的一个少数民族。她是回鹘官员与耶律阿保机的姑母所生的。因此，她与耶律阿保机实际上是姑表兄妹，就像林黛玉和贾宝玉的关系一样。述律后是一个智勇双全的草原奇女子，自从嫁给耶律阿保机之后，辅佐耶律阿保机南征北战，可以说是屡立奇功，“名震诸夷”。除了有勇略之外，述律后的政治见识也很过人。前面提到的汉人谋士韩延徽，本来是唐朝藩镇幽州节度使刘守光的下属，刘守光要和中原其他藩镇交战，派韩延徽来向辽朝求援。韩延徽见了耶律阿保机，明明是来求援的，却立而不跪，以示不辱身份。耶律阿保机非常生气，就把他扣留了，让他去牧马。述律后劝耶律阿保机，说韩延徽能守节不屈，是真正的君子，应当以礼相待，收为己用。耶律阿保机听了妻子的劝告，就让韩延徽参谋军国大事。后来耶律阿保机称帝开国立制，很多都出自韩延徽的筹划。

在太祖耶律阿保机去世以后，述律后面对“子幼国疑”的危局，必须走到台前，把局面稳定住。当时人心不稳，情况真是极为凶险，契丹贵族虎视眈眈，想夺回担任可汗的权力；许多汉族臣僚则想返回汉地，当时任卢龙节度使的卢文进，在太祖去世不久后就投奔后唐了。面对这些蠢蠢欲动的契丹贵族和蕃汉臣僚，述律后用自己强硬的政治手腕摆平了他们。她把耶律阿保机在世时的那些勋臣宿将召集到一起，然后声泪俱下地问他们：“汝思先帝乎？”这些人都回答说：“受先帝恩，岂能不思？”既然想先帝，那就去殉葬吧，述律后命亲军把这些人当中不大服管理的“刺儿头”杀了给太祖殉葬，总共杀了一百多人。有的资料上说，述律后把那些人的妻子也召集过来，告诉她们：“我今为寡妇矣，汝等岂宜有夫。”意思是我当了寡妇，你们也不能和伴侣白头偕老，咱们得同甘共苦，然后动手把她们的丈夫解决了。这有点太戏剧化了，我们就姑妄听之。就历史的实际来讲，拿人殉葬的风气，在北方游牧民族当中确实一直都有，那些“受先帝恩”的勋臣宿将，按惯例本应该主动请求为先帝殉葬的。当然这只是一种形式，一般不会被准许。谁知述律后给他们下了个套，假戏真做，要求他们“从先帝于地下”，他们岂敢不从。当然，述律后以殉葬的名义除掉他们，是以自己的“枪杆子”，两万斡鲁朵（军帐）的亲军作为后盾的。但是仔细想想，受耶律阿保机恩泽最厚的，莫过于述律后本人了。俗话说，一日夫妻百日恩，更别提其他的荣华富贵之恩了。所以后来有一个汉族大臣就以这个，反将了述律后一军。述律后振振有词地说，现在自己的儿子们年幼，国家社稷还不稳固，她必须为先帝打下的江山负责，所以还不能去地下侍奉先帝。然而，让大家吃惊的是，述律后说完，居然抽刀将自己的一只手腕砍断，然后下令用这只手替代自己为太祖殉葬。从此，述律后有了一个血淋淋的名号——“断腕皇后”。断腕之举使得众人又惊又怕，深深体会到这个女人是一个惹不起的狠角色，于是朝野上下“骇服”。这样一来，就没有人敢再对述律后的权威提出质疑，她掌握了军政大权，耶律阿保机这一家在辽朝的统治地位就稳固了。

消除了外部的威胁之后，接下来就是安排哪个儿子来继位的问题了。

二、皇位谁属

毫无疑问，在当时的辽朝，能够决定皇位归属的，只有临朝称制的述律后一人。她的态度，对于谁能当上新皇帝至关重要。述律后和太祖一共生了三个儿子，除了长子耶律倍和次子耶律德光，还有一个小儿子耶律李胡。按理说，三个孩子都是自己生的，立谁为皇帝都不会让肥水流入外人田。耶律倍既是长子，又是太祖在位时就册封的皇太子，直接让他继位，谁都没有意见。可是述律后本人偏偏不想立耶律倍为皇帝，她有自己的考虑。什么考虑呢？俗话说，“天下老，只向小”，述律后虽然贵为皇后，但也和全天下的母亲一样，特别疼爱小儿子耶律李胡。有的学者根据对历史资料的解读，认为述律后在太祖死后想让小儿子耶律李胡来继承皇帝之位，这是很有可能的。因为后来太宗耶律德光即位后不久，就在母亲的压力下立三弟耶律李胡为皇太弟兼天下兵马大元帅，所谓皇太弟，就是“兄终弟及”的意思。唐代的唐武宗、唐昭宗都是以皇太弟的名义继承大统的，可见述律后确实希望小儿子有一天能当上皇帝。可在太祖去世的时候，直接让小儿子继位会面临很多问题。首先，耶律李胡当时年龄太小，只有十六岁，不像大哥耶律倍和二哥耶律德光那么成熟稳重。其次，耶律李胡的名声远不如两个哥哥那么好。这里面的原因有两个，其一，是太祖耶律阿保机对他的评价不高。根据史书记载，在兄弟三个的少年时期，太祖就几次对他们进行考察。有一次，在一个大风雪天，太祖让三个儿子出去“采薪”，就是捡柴火。三个儿子同时出去，最先回来的是次子耶律德光，他的速度很快，不管干的、湿的、长的、短的，很快就捆了一大捆回来。这捆柴火，比他都高。长子耶律倍捡柴火很仔细，干的要，湿的就不要，捡的柴火长短都差不多，码整齐了，捆好背了回来，比二弟耶律德光晚。小儿子耶律李胡呢？缩手缩脚地捡了一小段路就回来了，捡的柴火很不像样子，而且还没捆好，等回到家里，只剩下三四根，和空手而回差不多。太祖就向述律后评价道，“长巧而次成，少不及矣”（《辽史·章肃皇帝李胡传》）。就是说耶律倍做事细致精巧，耶律德光做事很实在，至于耶律李胡呢，这小子不成器。还有一次，太祖观察三个儿子的睡相，老大和老二都很正常，只有小儿子缩手缩脚蜷成一团，睡在两个哥哥背后，让两个哥哥挡风。太祖就说，这孩子不行，差远了，不成器。总之，太祖认为小儿子比两个哥哥相去甚远。其二，是耶律李胡性情残暴，也许是年轻少壮之故，他喜欢发脾气，发了脾气就在别人脸上刺字，或者把无辜的人投入火中。而且“为人忌刻”，意思是心眼小又很苛刻，所以在辽朝中“人多怨仇”，大家都不喜欢他。

既然自己最偏爱的小儿子耶律李胡继位的时机不成熟，那在长子耶律倍和次子耶律德光之间，述律后会如何选择呢？根据史书的记载，她比较中意次子耶律德光。司马光在《资治通鉴》里面记载道：

> 契丹述律后爱中子德光，欲立之，至西楼，命与突欲俱乘马立帐前，谓诸酋长曰：“二子吾皆爱之，莫知所立，汝曹择可立者执其辔。”酋长知其意，争执德光辔欢跃曰：“愿事元帅太子。”后曰：“众之所欲，吾安敢违？”遂立之为天皇王。

“元帅太子”就是耶律德光，因为他被太祖封为天下兵马大元帅；但他从来没被立为太子，这是汉族史家拿自己的标准硬套上去的。而所谓的“诸酋长”，就是那些王公大臣们。述律后为了表现出自己的公允无偏，借用契丹旧俗，要了一场民主选举的把戏：先声明两个儿子她都爱，让大臣们选择愿意尊哪个儿子为皇帝。大臣们早都摸透了述律后的意思，就争着去为耶律德光执辔。述律后则顺水推舟，宣布顺从众意，立耶律德光为“天皇王”，即皇帝位。《辽史》当中的记载更加直白，说耶律倍知道自己的母亲属意弟弟耶律德光，于是主动率百官请述律后立耶律德光为帝，说：“大元帅功德及人神，中外攸属，宜主社稷。”（《辽史·义宗倍传》）不管具体过程是什么样的，最终，耶律德光在母亲述律后的支持下战胜了哥哥耶律倍，继承了皇位。这就是后来的辽太宗。

那么，为什么述律后要舍弃已被立为皇太子的长子耶律倍，立次子耶律德光为帝呢？我们从中原汉族王朝的历史中可以看到，一般太子失位，无非是这几个原因：一是自身资质和能力太差，无法担当大任，父母不放心把江山交给他；二是与父亲或母亲关系恶化，父母另立爱子；三是自身性格或行为方面的缺陷，比如性情残暴、沉湎于享乐等。耶律倍是不是犯了其中的哪一条而被弟弟取代的呢？

首先，自身资质和能力。这一条，耶律倍肯定是没有问题的，他文武双全。先说文，根据史书记载，耶律倍是一位诗人、画家、医师、藏书家、阴阳家、音乐家、文字学家。那真是一位百科全书式的学者了。他作诗、画画和藏书尤为突出。现存最早的一首契丹五言诗，就是耶律倍浮海投唐之前，在海边立木为碑，然后刻在上面的，诗云：“小山压大山，大山全无力。羞见故乡人，从此投外国。”这首诗，可以说是契丹早期文化发展成就的一种体现。虽然，这首诗也就是打油诗的水平，比起唐诗的名篇差远了。但是我们也不能太苛求耶律倍，因为当时他们的汉语水平都不是很高，能写一首这样的诗，已经算不错了。这首诗以物喻人，虽然质朴无华，但胜在感情真切。正因如此，清代学者赵翼曾评价该诗“情辞凄婉，言短义长，已深合风人之旨矣”，就是说作者已经领会诗的精华所在了。根据史书记载，耶律倍在东丹国都城迁到辽阳后，还曾作《乐田园诗》，可惜已经失传了。此外，耶律倍也精于绘画，元朝人评价他的画作“甚有盛唐风韵”，他的作品入宋秘府，即成为宋朝皇室的收藏品，根据北宋著名的《宣和画谱》记载，他有名的作品达七十五件之多。现在美国大都会艺术博物馆还藏有他的《获鹿图》，台北故宫博物院也藏有一些他的画作，可见其绘画水平之高。耶律倍还是名重一时的藏书家，他在闾山山顶曾经建有一藏书楼，取名“望海堂”。这个望海堂并不是说真的可以望见大海，而是离书楼二十里有一个望海寺。望海堂中的藏书多达几万卷，全是耶律倍任东丹王时派人偷偷带财物去幽州的书市上购买的，因为当时契丹和中原“书禁甚严”。前面我们提到的耶律倍浮海投唐时船上载书万卷，只是他藏书中的一部分而已。结合上述几方面，如果说耶律倍是他那个时代文化水平最高的契丹人，可能都不为过。有人可能会说，对呀，正因为他汉文化修养太高了，和弯弓骑射的契丹传统格格不入，武略不行，所以就落选了。其实不然，我们从史书中看到，耶律倍文武双全，打仗也是战功赫赫，他在跟从太祖征讨乌古部和党项部时，都担任先锋都统，大破敌军，获得大量人口和牲畜。太祖平渤海国时，耶律倍又担任前锋，攻下渤海国都忽汗城。耶律倍还很有战略眼光，当年太祖西征的时候，他留守上京，就向太祖陈说了攻取渤海国的办法。等太祖攻下了渤海国的扶余城后想捡括户口，就是清查人户为收取赋税做准备，耶律倍劝谏说，刚得到土地就对人口进行清查，百姓一定不会安宁。如果趁破竹之势直捣其国都忽汗城，攻下它一定没有问题。太祖听从了他的意见，顺利灭了渤海国。可见，耶律倍并没有因文化修养高而荒废军事才略，以他的文韬武略，继承大统是没有问题的。

其次，和父母的关系。从史料上反映的情况看，耶律倍和他的父亲关系一直比较融洽，太祖觉得这个儿子不错，登基称帝时就册命其为皇太子，又常常带他外出征讨。对于他的建言，太祖也常能听从。即使后来封他自主一方成为东丹国主，皇太子的名号也是一直保留的。而且太祖在离开东丹国回上京之时，对耶律倍说：“得汝治东土，吾复何忧？”表现出对他的高度信任。父子相别时，耶律倍“号泣而出”，足见父子情深。总之，在现有资料中还看不到他们父子不和的证据。至于述律后，虽然她最爱小儿子耶律李胡，其次是二儿子耶律德光，耶律倍被排在第三，可是这种喜爱次序并不足以让述律后产生废太子的想法。历史上皇太子“失欢于父母”，都是一贯不成器或者作奸犯科才导致的，过失的恶性得达到一定程度才会被废，比如像隋朝的太子杨勇、唐朝的太子李承乾等。虽然述律后没有立耶律倍为皇帝，但他们的母子感情还是不错的。史书记载，耶律倍在耶律德光被立为皇帝后不久，就曾经带数百骑想投奔后唐，结果到边地被辽朝的巡逻兵抓住了。叛君背母，在当时可是非常严重的罪过，但述律后没有对他进行责罚，仅是遣其返回东丹国，继续为东丹王。可见，她对儿子失位后的情感并不缺乏理解和宽容。在耶律倍浮海投奔后唐后，述律后非常思念他，“由是卑辞厚币数遣使聘中国”，就是说述律后因为思念耶律倍，就以谦卑的语言和大量财物派辽朝官员出使中原。甚至因为耶律倍在后唐，述律后屡次主动要求和后唐“和亲”以改善关系。要知道，五代时期的辽朝，那可是中原王朝争相巴结的对象，后唐庄宗李存勖对述律后都是“以叔母事之”，更别提后来的“儿皇帝”石敬瑭和“侄皇帝”刘崇了。述律后因为耶律倍在中原，不惜如此放下身段，可见她对这个儿子的惦记程度。虽然可以说耶律倍是被母亲逼得弃国出奔，但他在后唐也思念亲人，每次辽朝使臣来，他都要问问母亲怎么样，带回去一些问安的书信。根据史书记载，耶律倍派去向述律后问安的使者“不绝于道”，母子之间的感情，应当说是很深厚的。

最后，是不是耶律倍自身的性格问题导致他失去了继承大统的机会呢？从实际情况来看，耶律倍确实存在某些性格缺陷，这在史书上多有记载，说法也大都一致，就是这位工文善画的皇太子，性情却是残忍好杀。《辽史》说耶律倍“性刻急好杀，婢妾微过，常加灼”，就是说姬妾奴仆稍微有点小过失，就会被加以锥刺烧灼之刑。宋朝人写的《契丹国志》更为夸张，说他“好饮人血，姬妾多刺臂以吮之；婢仆小过，或抉目，或刀刲火灼”，就是说他喜欢喝人血，常常把姬妾的胳膊刺一个洞去吸血。奴仆稍有过失，除了被用刀割、用火灼之外，更可怕的是要被挖眼睛。这真像是我们在一些武侠小说里读到的那些练邪门功夫的大魔头了。当然，这可能是想把他的凶残夸大以反衬宋朝的文明和仁慈，所以，我们应当有保留地看。不过《契丹国志》的作者叶隆礼对耶律倍的文化修养是很钦佩的，即使有夸张，也不完全是无中生有。另外一本文献《北梦琐言》的记载相对平允，说他“性酷毒，侍婢微过，即以刀刲火灼”。除了喝人血、挖眼睛等情节之外，三本史籍的说法大都是一致的。而且三本史籍里都提到了一个例证，那就是耶律倍到后唐以后，后唐在位的皇帝明宗李嗣源，把前朝皇帝李存勖的一个夫人夏氏赐给他为妻，因为当时李存勖已经死了好几年了。夏氏目睹了耶律倍的种种恶行以后，心里很害怕，担心有一天刀刺到自己身上来或者自己的眼睛被挖掉，就请求削发为尼。可见耶律倍的凶残确实有点让人触目惊心。

可是性情凶残也不是他一定要被取代的理由，中国历史上许多游牧民族建立的国家，凶残之人当皇帝的例子很多，甚至可以说不凶残就当不了皇帝，因为都是以武立国，不心狠手辣怎么能胜出呢？就拿耶律倍他们家来说，除了耶律德光“性宽仁”之外，其他人都是心狠手辣。述律后不用说了，太祖耶律阿保机也有所谓的“扶余之变”，就是杀反对派毫不手软。耶律李胡的残暴更是出了名的，一天不杀人就好像生活中少了点什么似的，可是述律后最喜欢他。所以，性情凶残也不是耶律倍失位的原因。

综上所述，我们可以说，在太祖耶律阿保机死后，皇太子耶律倍之所以未能继承皇位，不是因为能力不够，不是因为与父母关系不好，也不是因为性情凶残。在排除了中原王朝太子失位的几个常见原因后，有的研究者从文化上给出了解释，即认为耶律倍是辽朝儒家文化或汉化文明的代表者，而述律后和耶律德光等则是草原文明的代表者，代表草原文明的保守势力在当时非常强大，所以耶律倍就遭到了“围攻”。那么，这是不是导致耶律倍未能继位、最终浮海奔唐的真实原因呢？如果不是，那到底是什么原因，使得母亲不把他作为继承大统的选项呢？

三、二子并封

对于述律后为什么选择次子耶律德光而放弃长子耶律倍，后来的学者有大量的推测。比较占主流的观点认为，因为耶律倍汉化程度太深，而以述律后为代表的契丹贵族力图保持本族的草原文化，害怕耶律倍继位会迅速使大契丹国走向汉化，所以选择了比较勇武的耶律德光。简言之，耶律倍的失位，是辽初保守势力固守民族文化，排斥汉文化的直接结果。这种观点有一定的道理。但是，从文化角度来解释某一孤立政治事件的发生，有点宏观、抽象，需要一个比较具体的原因来做桥梁。况且，最后被选定的继承人耶律德光也很汉化，他性格宽仁，擅长书法，后来采取了很多汉化措施，还试图统一辽朝和中原，述律后为此还劝说过他。为什么耶律倍和耶律德光兄弟俩汉化程度这么高呢？这和耶律阿保机家族的家风有关，可以一直追溯到耶律阿保机的祖父耶律匀德实。耶律匀德实教部民农耕，耶律匀德实的儿子也就是耶律阿保机的父亲，又训练民众筑造城邑、种桑麻、习纺织，这在作为游牧民族的契丹八部中早就独树一帜了。到了耶律阿保机这一辈，又大量掳掠或收降河北汉人，建造了很多汉城。根据有些学者的说法，他们家及其治下早就是契丹部族里面的“特区”了，就是因为深受汉文化的影响。耶律阿保机本人就精通汉语，他的弟弟耶律迭剌、从侄耶律鲁不古和耶律突吕不都通汉语，后来借助汉字和回鹘文，创制了契丹文字。耶律倍和耶律德光在这样的环境中长大，当然深受影响。所以，耶律倍的汉化在耶律阿保机家族中并不稀奇。那么，对于耶律倍未能继位，我们要从历史资料当中去仔细寻找，发现一些这个变故发生的先兆，把一些蛛丝马迹综合起来，就能找出比较具体的解释。

对于耶律倍失位而耶律德光得以继位这件事，我们先看看当事人的说法。耶律倍称，是他把天下让给弟弟的，所以后来耶律倍的子孙当了皇帝，就把耶律倍追谥为“让国皇帝”，庙号“义宗”。而述律后则说，让耶律德光继位，是她秉持太祖的遗旨行事的。按照这种说法，那就是太祖临死前选定的耶律德光，耶律倍失去了继位的资格。这两种说法，到底哪一种更接近事实呢？

前面我们说过，太祖在攻灭渤海国之后，封皇太子耶律倍为东丹王，还准许他用天子冠服，自建年号。这样的安排很不寻常，让皇太子长久留在一个封国主政，似乎有点不打算让他回来的意思。这其实在以前的中国历史上是有先例的。比如东汉光武帝时，先立了长子刘强为太子，次子刘庄为东海王，后来因为刘庄的母亲被立为皇后，刘强就主动要求让出太子之位，光武帝最后改封刘庄为皇太子，但同时又觉得对刘强过意不去，就把刘强封为东海王，并准许他使用天子仪仗。耶律倍的事简直和这件事如出一辙。耶律倍虽然在被封为东丹王时尚未被褫夺皇太子名号，但太祖说“得汝治东土，吾复何忧”之类的话，似乎透露出一点不打算让他回上京继位的意思，不过这就比较隐晦了。《辽史》中关于述律后的传记就说得比较清楚了，“初，太祖尝谓太宗必兴我家，后（述律后）欲令皇太子倍避之，太祖册倍为东丹王”。这就表明，太祖把振兴大辽的希望寄托在耶律德光身上，述律后考虑到耶律倍已经被封了皇太子，而现在太祖又中意耶律德光，弄不好就要兄弟争位、手足相残，所以就想让耶律倍避开耶律德光，于是太祖册封耶律倍为东丹王，给予其极大的自主权，似乎想让他永远主政一方，作为对不能继承大统的补偿。这样说来，述律后说她自己是奉了太祖遗命立耶律德光为帝，也不是假传圣旨的托词了。那么，太祖为什么想放弃自己以前册封的皇太子耶律倍，而要寄希望于次子耶律德光呢？

公元 922 年，辽朝发生了一次重要的战事，就是在与当时的晋王李存勖即后来的后唐庄宗交战时，吃了一个罕见的大败仗。说起来，李存勖的父亲李克用还曾经与耶律阿保机结为兄弟，相约一起攻后梁，但耶律阿保机后来背弃盟约，转而谋求后梁的封号。所以李克用去世前，把三支箭交给李存勖，让他灭梁、攻契丹、灭燕（幽州节度使刘守光）。李存勖是个聪明人，他知道不能同时树敌太多，所以在和死对头后梁交兵的时候，没有攻击契丹，而是“以叔父事阿保机”。这种姿态让晋王李存勖避免了腹背受敌，可以腾出手来逐鹿中原。只不过，双方在边境上的摩擦还是时有发生。李存勖长期跟着父亲李克用东征西讨，练就了一套带兵打仗的本领。继位后的几年时间，就实现了李克用灭燕的遗愿，擒杀了幽州的刘守光父子；并且跟后梁多次大战，把后梁打得节节败退。

耶律阿保机和李存勖交兵开始于公元 921 年末。公元 921 年 12 月，河北有一个藩镇义武军节度使王处直，因为害怕被李存勖吃掉，就派自己的儿子王郁投降辽朝，引辽军进攻李存勖以减轻自己的压力。王郁跟耶律阿保机讲了李存勖那边的虚实，又献计献策愿为向导，所以耶律阿保机兴致盎然，决定大举兴兵南下。他派皇太子耶律倍和王郁为前锋，自己带着四儿子耶律牙里果统领大军，先攻破涿州，又包围定州。晋王李存勖亲自带兵来救，他打仗的本事真是非同小可，身先士卒，打得辽军大败，一直向北退到易州。还俘虏了皇子耶律牙里果，把耶律阿保机赶到塞外去了。

对于辽朝来说，这次惨败可是前所未有的。不但没能攻城略地，还弄得皇子被俘，人马损失惨重。据史书记载，耶律阿保机败退时，“会大雪弥旬，平地数尺，契丹人马无食，死者相属于道。”（《资治通鉴·后梁纪》）耶律阿保机举手指天，说：“天未令我至此！”可见这个强人当时内心的悲惶和无奈。

既然遭受了前所未有的惨败，耶律阿保机回来之后就应该论过追责。他首先重责王郁，因为这次进兵因他而起。但其他人的责任，他就不太好追究了。为什么呢？这次战败，是耶律阿保机御驾亲征亲自指挥的，他首先就难辞其咎。四皇子耶律牙里果被俘，也没办法责罚他了。皇太子耶律倍肯定有过无功，但他毕竟是国之储君，不能因为一次败仗就把他给废了，何况这次败仗还是由耶律阿保机担任统帅的。但是我们想想，打了这么一场败仗，耶律阿保机总得出出气才能平复自己的心情吧。所以就在这次惨败之后的几个月，辽朝历史上又发生了一件意义深远的大事，这就是耶律阿保机的次子耶律德光受封为天下兵马大元帅。

在与皇太子统兵打仗惨败而归后的几个月，太祖就册封次子为天下兵马大元帅，应当说是有用意的。天下兵马大元帅，不是一种常设的官职，最早是唐朝安史之乱的时候，唐玄宗逃出长安直奔蜀地，封皇太子李亨（后来的唐肃宗）为“天下兵马元帅”，让他统兵平乱，当时没有这个“大”字；李亨即位后，又封皇长子李豫（后来的唐代宗）为天下兵马元帅；李豫即位后，又封皇子李适（后来的唐德宗）为天下兵马元帅，李适即位后，天下兵马元帅才罢设。从天下兵马元帅和太子的关系来看，二者常常是身份重叠的。唐玄宗有了太子，又给他加天下兵马元帅封号，后让其继位；唐肃宗、唐代宗没立太子时，择一子为天下兵马元帅，后又封为皇太子，再让其继位。天下兵马元帅其实是封授给皇位继承人的一个崇高称号。据史书记载，当年唐肃宗即位的时候，本想封另一个皇子为天下兵马元帅，左右大臣说，这可使不得，为什么呢？“太子从曰抚军，守曰监国。元帅，抚军也。”（《新唐书·诸子列传》）就是说太子跟从皇帝出征，其角色是“抚军”；如果皇帝出征在外，太子留守，就叫“监国”。而天下兵马元帅，就是“抚军”的角色，那以后是要当太子的。所以另封一个皇子为天下兵马元帅，不是在鼓动他和太子相争吗？唐肃宗最后听从了劝谏。可见，受封天下兵马元帅，也就有了继承皇位的资格。

耶律阿保机建国后，很多国家制度都仿效唐朝，他册封长子耶律倍为皇太子，是表明他死了以后，新的皇帝不用再经选举，而是他已经指定了。可他在立了皇太子以后，又另外册封次子耶律德光为天下兵马大元帅。我们推测，可能是公元 922 年的这次惨败，让他怀疑耶律倍是否有足够的能力把他的事业发扬光大，或者仅仅是想把因惨败而对耶律倍所生的怨气发泄一下，所以引入竞争机制，给次子耶律德光加封了一个天下兵马大元帅的称号。当年耶律德光二十一岁，在受封大元帅仅仅两个月后，耶律阿保机就派他带兵南下，攻克平州、曲阳，又攻幽州，大获全胜。这次出征，既可能是耶律阿保机对次子武略的测试，也可能是为了让次子借此树立威望，以备日后继统。总之，耶律阿保机心中的天平，已经开始向耶律德光这边倾斜了。所以对于后来辽朝多次发生的争位变故，宋朝人认为祸根在于耶律阿保机既立了太子，又另立了天下兵马大元帅。宋人叶隆礼在《契丹国志》当中说“嫡不可匹，匹嫡则危……元帅太子之称，不以属之突欲（耶律倍），而以属之德光，则其立国之初，已可议矣”。就是认为继承人应当明确，既然立了太子，就该把天下兵马大元帅的称号给他，不该另立次子，引发二子竞争，为争位埋下祸根。

但是，在封耶律德光为天下兵马大元帅之后，长子耶律倍的皇太子名号并没有被废除。这可能是耶律阿保机觉得，皇帝和皇太子制度建立还没几年，如果把皇太子换了或者把皇太子名号废了，这不是给那些反对他的契丹旧贵族以口实吗？所以他不便有什么动作。但是没动作，却让两个拥有皇位继承资格的儿子并立，不是鼓动手足相残吗？所以才有我们前面提到的，耶律阿保机在灭了渤海国以后的那个不同寻常的安排，即册封耶律倍为东丹王，许用天子冠服，让他享有很大的自主权，可以算是对他以后不能继位作出一点补偿，或者说是一种妥善安置。

把出征惨败、加封次子和立太子为东丹王这三件事情联系起来看，我们似乎可以理出一个比较能说得通的因果链条。那就是因为皇太子耶律倍出师不利，太祖耶律阿保机就把目光投向二儿子，封他为天下兵马大元帅，实际上也让其具有了继承皇位的资格，然后让他带兵征战，如果考察合格，就打算让他做接班人。但对于以前立的皇太子又不便废掉，所以把他封为附庸国的国王，主政一方。这是完全有可能的。

对于自己在太祖归天以后不能继承皇位，耶律倍似乎也有一定的预料。在太祖封他为东丹王之后，将要动身回京时，说："此地有你治理，我还有什么好担忧的呢？"耶律倍"号泣而出"，反应很大。他可能从这句表面上是嘉许的话里，听出了太祖让他久留此地的意思。再联系到前面的打仗惨败和二弟受封天下兵马大元帅，以耶律倍的聪明，肯定能明白父亲的心思。所以后来二弟耶律德光继位，他也没有抗争，更没有搞一场"玄武门之变"之类的流血政变，而是采取了比较恬退隐忍的姿态。史书上记载，耶律倍在耶律德光继位后不久就试图出逃，带了几百人南奔中原。但可能因为几百人目标太大，在边境上被辽朝巡逻兵发现了。述律后知道后并没有给他任何责罚，一切如旧。可能她也理解，自己的长子失位，心里有愤懑之情是难免的，所以未作追究。可是如何处理与耶律倍的关系，对于新皇帝耶律德光来讲，却是一个棘手的问题。

在中国历史上，一个原来不是太子的新皇帝继位，怎么妥善处理和前太子的关系，一直是一个难题。如果像李世民那样，当皇帝前已经把太子李建成杀了，倒还简单些。即使这样，他还要把李建成的儿子，也就是自己的侄子们斩草除根，免得留下后患。因为一个人被立为太子，就会对自己能继承皇位、君临天下有了一个心理预期，一旦这个预期最后没变成现实，他自然而然地就会有不满情绪积聚，觉得本该属于自己的东西被别人夺走了，难免对新皇帝怀有敌意。只要当过太子，朝中肯定会有党附他的一派大臣，要是这些大臣利用前太子的不满，天天撺掇他去搞"复国大计"，或者打着他的旗号搞小动作，那新皇帝睡觉都不能安枕了。所以在中国历史上，哪怕是老皇帝在位时因罪被废掉的太子，在新皇帝登基后，不得善终的也很多，真可以说是史不绝书。更何况耶律倍没什么罪过，人家皇太子的名号一直都在呢。所以对于耶律德光来说，如果耶律倍这次逃跑中原成功了，他或许还可以轻松一些。

既然耶律倍回来了，耶律德光就得面对这位皇太子、自己的哥哥。从史书的记载来看，耶律倍从弟弟耶律德光登基后到浮海出奔的数年之间，有很多时间没有在东丹国，而是在辽朝国都上京临潢府。在这期间，兄弟俩见于史籍记载的见面就非常多。比如：

天显三年九月，耶律德光一个月内两次“幸人皇王第”；

天显四年四月，“人皇王倍来朝”；八月“幸人皇王第”；十月，又“幸人皇王第，宴群臣”；

天显五年二月，“上与人皇王朝皇太后。太后以皆工书，命书于前以观之”；三月，“人皇王献白纻”，又“宴人皇王僚属便殿”；四月，“诏人皇王先赴祖陵谒太祖庙”，同月，兄弟俩“会祖陵”。

公元930年5月，耶律倍才返回他的东丹国。

从上面兄弟俩会面的记载，我们看到的似乎是其乐融融的一家人。哥俩时常见面，不时喝酒，一起去朝见母亲述律后，又比赛书法，一起去祭奠父亲，没有丝毫的剑拔弩张。当然，有的学者解读说，耶律德光把耶律倍留在上京，并且频频和他见面，是为了监控耶律倍。我们不排除有这方面的因素，但也可能是“性宽仁”的耶律德光对耶律倍的怀柔政策和情感笼络。虽然，政治的发展往往是超乎温情的，但也不能把统治者的一些人之常情统统否定掉。有资料表明，耶律德光还是比较重视骨肉亲情的，即使真的是为了监控耶律倍，也不用这么频繁地见面。至少在表面上，这时兄弟君臣的格局相对稳定下来了。

四、东丹岁月

耶律德光从辽太祖那里获得了天下兵马大元帅的封号，并在母亲的支持下即皇帝位。昔日的皇太子耶律倍在弟弟即位后，心里的不自在是可以想见的。不过，从表面看来，兄弟俩相处得似乎还过得去。一起朝见母亲，一起拜谒亡父，但是耶律倍在回东丹国之后不久，却突然浮海投奔后唐，这是为什么呢？

就在耶律倍在上京临潢府滞留期间，发生了几件大事，首先是他的东丹国南迁。我们可以看一看地图，耶律阿保机原来设立东丹国的时候，是以原来渤海国的王城，也就是忽汗城作为国都的，改名“天福城”。这座城在今天黑龙江省宁安市。所谓南迁，是把东丹国的国都迁到东平，也就是今天辽宁省辽阳市。那是谁想把东丹国南迁到辽阳呢？南迁的用意又是什么呢？

关于东丹国南迁的动议者，前人留下的历史也是一笔糊涂账。在涉及东丹国南迁的三个主要人物耶律倍、耶律德光、耶律羽之的传记资料里，也是各有各的说法。不过，我们还是可以根据这些说法，大概弄清楚事情的来龙去脉。

有的资料上说东丹国南迁是耶律倍主动提出的，“虑远晨昏，欲效盘庚”（《耶律羽之墓志铭》），这句话是耶律倍说的，意思是他觉得天福城离母亲述律后太远，不方便他时常去看望请安，以尽为人子的孝道。所以他想效仿商王盘庚，把国都迁移到离皇都上京比较近的地方去。耶律倍还让当时东丹国的左相耶律羽之上表提出具体建议。

耶律羽之是东丹国南迁中的关键人物，他在东丹国设立后担任右次相。当时耶律阿保机给了东丹国很大自主权，国内百官都由东丹王决定，但左右大相和左右次相由大辽朝廷选任，以辅佐东丹王，号称“四辅”，总揽朝政。耶律羽之起先虽然只任右次相，在“四辅”中地位最低。但因为其他“三辅”中，两人是投降的渤海国旧臣，另一位左大相叫耶律迭剌，是耶律阿保机的弟弟，但是当左大相后不到一个月就死了，精明强干的耶律羽之便成为东丹朝廷中掌握实权的人物，他的墓志铭也说他“虽居四辅之末班，独承一人之顾命”。公元927年，耶律羽之又升任左大相，“总统百揆”。根据耶律羽之的传记所说，东丹国南迁正是出于他的动议。耶律羽之认为，东丹国的核心地带离辽朝国都临潢府太远，导致渤海国所拥有的先进文明成果无法为辽朝有效利用，比如像熟练的手工业技术、农耕技术等；而且自辽朝灭渤海国之后，渤海国遗民慢慢生息繁衍，如果他们的聚居地离辽朝本部太远，就可能阻险自卫，成为后患。应当“乘其微弱”，即趁渤海国被灭不久，反抗势力还没成气候，把他们强制迁移到离上京临潢府比较近的地方。具体选择哪儿呢？东平，就是今天的辽宁省辽阳市。这里号称“负闾山，凭渤海，踞胜青营，扼冲中外”（《广宁县志》），就是说它背靠闾山，面向渤海国，雄踞中原地区的青州、营州上方，扼守中外交通要冲。而且，这个地方“地衍土活，有木铁渔盐之饶”（《辽史·耶律羽之传》），就是说这里土地宽广肥沃，物产丰富。所以，把这里作为东丹国的新都，迁移渤海人过来开发，是一个明智的选择。可以看得出来，耶律羽之对东丹国南迁至辽阳，给出了比较充分的理由。

那么，耶律德光在东丹国南迁的过程中扮演的是什么角色呢？现在很多研究者认为，东丹国南迁是耶律德光为了便于控制耶律倍，授意耶律羽之上表，然后自己马上同意的。这只是一种猜测，没有直接的证据。不过，可以肯定的一点是，耶律德光对东丹国南迁绝对是乐见其成的。不仅是便于就近控制耶律倍，而且从战略上考虑，正如耶律羽之说的那样，既消除了渤海人反抗的危险，又能把渤海国先进的文明成果带到离辽朝本部较近的地方，便于就近利用，增强实力。另外，在南迁之后，辽朝还可以在地缘上形成对抗中原王朝的优势。通过当时的地图可以看到，辽朝本部在今天的内蒙古中东部一带，东丹国南迁之后，在今天的辽宁，位于辽朝的东边；辽朝的西边，则是已经臣服的突厥、党项等部族。如此一来，辽朝和中原王朝对抗的时候，很容易对其实现三面合围。有这么多的好处，所以在耶律羽之上表建议东丹国南迁的时候，“帝嘉纳之”。

综合这几位关键人物的身份和史籍的记载，我们大致可以推断，耶律德光有让东丹国南迁的想法，耶律羽之就上表建议并且作了详细充分的论证。不管耶律德光有无授意，都不影响耶律倍看到皇帝的态度和耶律羽之的行为，他知道国都南迁已成定局，自己无力改变，于是以尽人子之孝道为理由表示了赞同，或者说是给自己无奈的附和找了个台阶下。这应该比较接近事情的真相了。至于里面某些具体细节如何，都不影响整件事的脉络。

耶律德光采纳东丹国南迁的建议时，耶律倍尚在上京临潢府而不在东丹国，南迁之事就由耶律羽之全权负责。仅仅一年，新都告成，民众迁移也大致完成了。就在新国都落成的当年五月，耶律倍返回了新都东平。这时的东平，已被耶律德光下令升格为辽朝的南京。耶律倍回到自己的东丹国，心情应该说是喜忧参半的。不管怎么样，回到自己的地盘总是要自在些，而且，新都辽阳府所在的闾山地区，山水灵秀，很符合耶律倍的诗人气质。再有，国都虽然迁了，但他的待遇并没有降低。为他新建的南京辽阳府，仍是天子规格，城高三丈，幅员三十里，耶律倍的东丹王宫城在东北角上，高三丈，大内有两个宫殿，很气派。新国都离上京和中原地区都很近。这些可以说是能让耶律倍在失位以后稍微得到点安慰的地方。

但是，让耶律倍心情沉重的因素一点都没减少，还新增加了一些。这主要是强制渤海国遗民南迁带来的乱局。东丹国南迁过程中，原国都天福城的许多渤海人不愿南迁，故土难离嘛。面对契丹人的强迫，很多渤海人纷纷出逃，有的逃到白山黑水间的女真部，有的则逃到朝鲜半岛的新罗，出逃的风潮应该说是很严重的，以致后来辽朝做了一定的妥协。耶律倍此时所面对的国都民众，是经南迁之苦后满怀怨气的渤海人，而且有很多已经逃亡，可以说是“国在山河破”，自然会加重他的烦闷。

另外，耶律倍此时回到东丹国，形势和他刚刚受封东丹王时已经不一样了。他虽然名义上还是人皇王，还享有天子待遇，但因为这几年他实际上长期滞留上京，对于东丹国政事并没有多少掌握，他的优势只是比较熟悉渤海国制的母体——中原文化而已。在东丹国建立之后的四年中，实际主持政务的是耶律羽之。他在担任右次相的一年里，已经因为功绩的累加，先后掌握了东丹国的军事、文教和财政大权，还被封为东平郡公，享有了食邑一千户的实惠。到了第二年，又升任左大相，“总统百揆”，在东丹国真算是位极人臣了。而且此后，在东丹国南迁的过程中，耶律羽之首先上表建议，详细论证，又非常勤勉地去执行，这件深合太宗心意的大事一完成，耶律羽之的地位和在东丹朝廷中的分量显然又加重了。军事、文教、财政大权都在左大相手里，那耶律倍这个国王，其实已经没有多少事情需要做了。

不止这样，在耶律倍回到东丹国之前，辽朝又发生了一件足以让耶律倍心如死灰的大事。这年三月，耶律德光册封三弟耶律李胡为皇太弟，兼天下兵马大元帅。这时离耶律倍回东丹国还有不到两个月的时间。为什么说这件事情让耶律倍心如死灰呢？天下兵马大元帅是给皇位继承人的一个尊号，耶律德光在继位前也曾被封授为天下兵马大元帅。至于皇太弟这个头衔，就更加明确了。在中国历史上，“皇太弟”这个封号，早先是西晋时期出现的，西晋“八王之乱”中，晋惠帝封成都王司马颖为皇太弟，掌握朝廷军政大权，以后则“兄终弟及”。后来司马颖被杀，由新立的皇太弟司马炽继位为帝。后来的唐朝，武宗、昭宗都是以皇太弟身份继位的。耶律李胡现在被封为皇太弟兼天下兵马大元帅，那就是表示，耶律德光死了以后，耶律李胡就要“兄终弟及”，继位为皇帝了，这对于昔日的皇太子耶律倍来说，自然又是一个沉重的打击。

其实，耶律李胡被安排为接班人这事，在更早之前就有一些端倪可循。前面说过，述律后在太祖归天以后，就有让小儿子继位的想法，但当时条件不成熟。所以，述律后就让次子耶律德光继位了。但她心里让耶律李胡继位的这个愿望始终都存在。所以在耶律德光继位两年多以后，经过一些必要的准备，耶律李胡被册封为皇太弟兼天下兵马大元帅。经过了哪些准备呢？公元 929 年，辽太宗派耶律李胡带兵征讨云中，就是今天山西北部一带，去讨平那些还不臣服辽朝的郡县。前面说过，太祖耶律阿保机看不上他这个小儿子，有些当代的研究者据此就说耶律李胡极其无能，这其实也有点言过其实了。耶律李胡确实比不上两个哥哥，但还是有一些军事指挥的能力。耶律李胡在公元 929 年底正式出师，第二年正月就攻下了寰州，二月就完成了任务，从云中凯旋，终于有军功在身了。回来以后，太宗把以前所俘获的一些渤海国的人户赏赐给耶律李胡，他在经济上也得了实惠。到了这年三月，耶律李胡又请求太宗赦免了一些因罪入狱的宗室，这肯定有助于增加他的声望。仔细想想，耶律李胡原来残暴的名声那么响，做点与人为善的事情还是可以抵消一些不良影响的，也能捞到一些政治资本。等到这些都准备停当之后，耶律李胡被册封为皇太弟兼天下兵马大元帅，接班人的身份算是确定了下来。

耶律阿保机是辽朝第一个皇帝，当时推选可汗的习惯影响还比较深，所以诸多贵族推选能征惯战的耶律德光为帝，也还勉强解释得通。那么弟弟耶律德光继位以后，一旦他千秋万岁，耶律倍也不是没有“王者归来”的可能。这句话一说出来，大家可能会觉得奇怪：还有哥哥等着继弟弟位的？有。在辽代后来的历史上甚至出现了比这还戏剧性的一幕，就是叔叔等着继侄子的位。辽兴宗死后，儿子道宗继位；道宗刚一继位，就在自己的祖母钦哀太后的压力下，立自己的叔叔，也就是钦哀太后的小儿子耶律重元为皇太叔，又加封天下兵马大元帅。这样一看，耶律倍和耶律德光兄弟俩年龄相仿，一旦弟弟先走一步，那耶律倍作为太祖所立的皇太子，被推选为皇帝就完全有可能。但是，小自己十来岁的三弟耶律李胡被立为皇太弟兼天下兵马大元帅，那就表示耶律倍再继位为帝的路被彻底堵死了。这可以说是他在太祖去世以后，就继位这个问题所受的第二次沉重打击。而且和二弟耶律德光不一样，三弟的水平和自己相差甚远，所以耶律倍的内心应当是十分绝望的。他在耶律李胡受封皇太弟兼天下兵马大元帅以后数月就出奔后唐，这件事应该是让他下了最后的决心。

另外，有资料表明，耶律倍的家庭生活也不是很和谐。他的妻子是出自契丹后族的萧氏，可能思想比较传统，无法很深刻地理解耶律倍所热衷的中原文化，夫妻俩存在一定的文化隔阂，所以日常生活中就不能知心，还常常发生一些冲突。因此耶律倍就不太待见萧氏，而是喜欢和汉化程度很深的渤海国妻子高美人在一起。后来耶律倍浮海投唐时，在众多妻子当中只带了这个高氏，也是这个原因。

综上所述，在这样一个让人郁闷的环境中，耶律倍所能做的就两件事：寄情山水，诗书自娱。尤其是对于藏书，耶律倍花费了相当多的心血，他在闾山的山顶，造了一座书楼，起名叫“望海堂”。这个名字很有气魄，可以很传神地体现书楼居于闾山绝顶，一览众山小的格局。耶律倍的这个望海堂里，藏书有几万卷之多，这个数字在当时的辽朝乃至全国的私人藏书里，都是屈指可数的。

耶律倍从归国到浮海出奔，前后只有半年时间。在这半年里，他和耶律德光还是有一些往来，主要集中在当年的九、十两个月间。耶律德光曾派人抚慰耶律倍，又给他赐过祭肉。耶律倍也给耶律德光进献过一支玉笛。但是其间也有一件事是比较伤感情的，就是耶律德光下诏给耶律倍配置“仪卫”。所谓“仪卫”，就是仪仗和卫兵，这是古代帝王的排场。表面上看，似乎是耶律德光要给哥哥撑体面，但他的真实用意，可谓路人皆知。耶律倍被封为人皇王已经四年，难道四年之中一直都没有相应的“仪卫”？不大可能。即使真的没有，那也说明耶律倍觉得没这个必要，当然就不需要耶律德光来亲自配置。所以耶律德光配置“仪卫”，意图是昭然若揭的：他得保证耶律倍的一举一动都在自己的眼皮子底下。这个意图在史书上也有明确记载：“（太宗）又置卫士阴伺（耶律倍）动静。”（《辽史·义宗倍传》）就是说耶律德光派这些卫士，是为了监控耶律倍的进退行止。

虽然我们说，耶律倍在太宗继位后就生过去国之心，而且回国半年就出奔，这个想法肯定是萌生已久了。但是，设置“仪卫”的举动体现了太宗对耶律倍的怀疑，促使他下定了出走的决心，也是合乎情理的。

我们设身处地站在耶律德光的角度，也很容易理解他的做法。对于昔日的皇太子、又有一大片地盘的哥哥，他肯定要随时戒备。不过从这些过程中我们也可以看出来，刚建立皇帝制度不久的契丹民族还是比较淳朴的。中国历史上，新君继位，残杀自己竞争者的事例，真可谓俯拾即是。所以史记里面讲帝王之家：“虽有亲父，安知其不为虎？虽有亲兄，安知其不为狼？”（《史记·韩安国传》）辽太宗没有变成虎狼，没有像唐太宗一样采取斩草除根、以绝后患的举动，说明他确实还是比较宽仁的。

五、客居中原

当耶律倍回到东丹国，他其实已经被架空了，没有什么事可以做。又因为三弟耶律李胡被册封为皇太弟兼天下兵马大元帅，他继承皇位的最后念想也被断掉了。后来辽太宗耶律德光又派了“仪卫”暗中监视他。这一切让耶律倍觉得，自己在东丹国待不下去了。正好在这个时候，中原的皇帝、后唐明宗李嗣源听说了耶律倍的处境，就两次派使者带着自己写的信到东丹国来，召唤耶律倍到中原去。使者第一次来的时候，耶律倍心中还有疑虑，没有马上行动；使者第二次再来，耶律倍就决定，离开东丹国、浮海投唐。那段时间，耶律倍正在靠近海边的地方打猎，听了后唐使者的劝说，看了明宗李嗣源的书信，深有感触地对左右随从说：“我把天下让给当今主上，谁知还是不能免于猜疑。我不如远走异国他乡，以成就吴太伯那样的名声。”吴太伯是谁呢？就是周文王姬昌的伯父。太伯深明大义，他知道振兴西周的希望在姬昌身上，就和二弟仲雍双双逃奔到江南，以便让姬昌的父亲季历继承王位，再传给姬昌。江南的民众被他们的大义所感动，就拥戴太伯成为吴国的创始之君，世称吴太伯。也就是说，耶律倍为了不让弟弟辽太宗为难，决心像吴太伯那样，远走他乡。所以后来，有许多史书称赞耶律倍的“让国之美”。

去意已决之后，耶律倍就收拾行装。主要是收拾他心爱的藏书，捆了一万卷以上装船。然后，他就带了与自己心气相通的妻子高氏及四十多名随从，从海路奔向后唐的登州。临行前，他在海边立木为碑，刻了一首诗在上面，就是前面提到过的，现存最早的契丹五言诗：“小山压大山，大山全无力。羞见故乡人，从此投外国。”这首诗的含义是显而易见的。以物喻人，“小山”指二弟耶律德光，“大山”指他自己。耶律倍通过大山的无力，表达了自己的无奈和悲凉，然后，就毅然决然地踏上了奔向中原的路途。他这一离开，便再也没能回去，最终客死异乡。耶律倍是在后唐明宗李嗣源的两次召唤下出奔中原的。那么，李嗣源和耶律倍到底是什么关系？他为什么要召唤耶律倍去后唐呢？

说起来，这两人还真有点沾亲带故。为什么呢？因为两人的父辈是拜把子兄弟。李嗣源的养父晋王李克用，和耶律倍的父亲耶律阿保机，曾经在公元 905 年，举行过一次很有名的“云州会盟”。当时，为了对付共同的敌人——中原的朱温和幽州的刘仁恭，李克用和耶律阿保机在云州（今山西大同）歃血为盟，互换袍马，结为兄弟。当时耶律阿保机其实还不是契丹可汗，只是契丹的军事首长夷离堇。双方约定，一起攻打朱温，振兴唐朝，并且互赠了财物和战马。但是政治人物的会盟，是视利益情况而定的，有时彼此翻脸比翻书还快。耶律阿保机回去之后，不但没有如约攻击朱温，反而和朱温通好。所以我们在前面说过，李克用死前留给儿子李存勖三支箭，让他灭梁、攻契丹、灭燕。李存勖也算是一世英才，前两个遗愿他实现了，建立了后唐。但对于契丹，为了避免腹背受敌，他是采取守势的，只进行“自卫反击”，而且时常和契丹来往，以侄子对叔叔的礼节问候耶律阿保机。耶律阿保机也当仁不让，一口一个“吾儿”。在攻掠李存勖的地盘毫不手软的同时，耶律阿保机有时又想帮助李存勖。李存勖被杀后，耶律阿保机声泪俱下，责问李嗣源为什么没有救李存勖。政治人物的感情戏，那情节确实是很复杂。

李克用和耶律阿保机曾经结为兄弟，李嗣源作为李克用的养子，就得像李存勖一样，称耶律阿保机为叔叔。但令人啼笑皆非的是，李嗣源比耶律阿保机还要大五岁。可是没办法啊，这个辈分是自己的养父李克用定下来的。说到这里，在中国历史上有一个很大的误解，应该澄清一下，那就是有名的“儿皇帝”石敬瑭，视比自己小十岁的耶律德光为父。今天很多人认为，石敬瑭为了夺得皇位，真是无耻之尤。石敬瑭当然有可批评之处，可仅凭这一点就说他无耻，真有点冤枉他。为什么这么说呢？既然李克用和耶律阿保机约为兄弟，那么李嗣源和耶律倍、耶律德光就是同一辈。石敬瑭作为李嗣源的女婿，确实比耶律德光低一辈。由此可见，契丹和后唐统治者的私人关系，使这两个政权间的关系变得更复杂了。

那么，李嗣源为什么要召唤耶律倍呢？前面说过，李存勖在位时期，和耶律阿保机多次交战。后来李存勖因兵变被杀，明宗李嗣源继位。虽然李嗣源和耶律德光的交战频率不是很高，但双方的敌对还是一直在持续。在这样的背景下，明宗李嗣源召唤耶律倍来中原，有三个意图。

第一个意图，是通过“统战”耶律倍，对契丹的南下进行牵制。耶律倍是太子、人皇王，在契丹还是有一些影响的。而且，他的母亲述律后，心里还时常惦记这个儿子。那么，从采取守势的方面来讲，只要耶律倍在后唐，契丹南下就不免会投鼠忌器。从采取攻势的方面来说，如果后唐想进取北方，耶律倍很了解契丹的内情，可以提供帮助；并且打着他的名号杀回去，对契丹的军心民心也会产生一定的分化作用。后来明宗李嗣源去世，耶律德光大举南下帮石敬瑭灭后唐，后唐君臣就曾打算以武力护送耶律倍回契丹，立他为帝，以造成契丹的内乱，让耶律德光有后顾之忧。所以，明宗李嗣源召耶律倍来中原，首先是把他视为牵制契丹的一张王牌。

第二个意图，是在中原政治中产生一些象征意义。五代中的后唐，情况稍微有点特殊。其他四代和十国的政权，必须是以唐朝的废墟为基础建立，但是后唐统治者，却一直以复兴唐朝为旗号。比如，李克用虽然对唐朝的中央政府一直是跋扈不尊，但表面上却向来自命对唐朝忠心不二。朱温取代唐朝称帝时，当时割据四川的蜀王王建，向李克用建议各自称帝，一起讨伐朱温。李克用以“不敢失节”回绝了。所以后来李存勖定国号为唐，自视是为了唐朝的复兴。明宗李嗣源自然也接过了这面大旗。唐朝的兴盛，最为明显的标志就是番汉皆管，内外服从王化，所以唐太宗被称为“天可汗”。对于当时连中原都未能完全统一的后唐来说，契丹皇太子成为它的臣子，那就具有很重要的象征意义。后来，后唐朝廷封耶律倍为怀化节度使，瑞、慎等州的观察使，而这些地方，那时候已经被契丹占据。后唐把这些虚衔加封给契丹皇太子，无非是借此表明，自己和原来的大唐帝国一样，势力已远及塞外。

第三个意图，是寻求情感上的一些满足，或者是昭示后唐和契丹统治者的私人关系。既然李克用与耶律阿保机约为兄弟，李嗣源和耶律倍、耶律德光也是兄弟。契丹的两兄弟现在遇到了相处的难题，弄不好就会骨肉相残，李嗣源帮他们解决这个难题，这对于自己的声望大有好处。所以，李嗣源对后唐的大臣说，因为我们的先辈和他们的先辈约为兄弟，所以耶律倍才能归附后唐。如果没有这层关系，后世的君主想请都请不来契丹皇子。

正因为耶律倍可以满足明宗李嗣源这么多意图，所以耶律倍到中原之后，后唐给予他极高规格的礼遇，以天子的规格来迎接他，让他接受百官的朝贺。到了都城洛阳，明宗对他“慰劳久之”，赏赐了很多财物。耶律倍向明宗进献三颗本国的国印作为见面礼。明宗给耶律倍赐姓东丹，赐名慕华。在中国古代，君主给臣子赐姓名，是对臣子的一种荣宠。在唐朝，许多臣子都被赐姓李。比如李克用家族，他们本来是沙陀人，因为有战功被赐予与天子同样的姓。后梁的建立者朱温，因为镇压黄巢起义有功，被赐名“全忠”，所以朱温也叫朱全忠。耶律倍因为是东丹王，所以被赐姓东丹，这叫“以国为姓”，上古中国的很多贵族都是这样。赐名慕华，意为仰慕华夏。在赐姓名的同时，明宗还封他为怀化节度使，瑞、慎等州的观察使。对耶律倍来说，它们的实际意义，可能就是俸禄和待遇了。除此之外，还给他封了一些爵位，比如检校太保、安东都护、上柱国、渤海郡开国公等，这些爵位也没什么实际意义，就是享受相关待遇，食邑一千五百户。后来，明宗还把庄宗李存勖的遗妃夏氏嫁给他。跟随耶律倍来到中原的随从，也都被赐了姓名，各有封赏。可以看得出来，明宗对于耶律倍还是非常重视的。

到了这年九月，明宗又更进一步，赐耶律倍姓李，名赞华。赐姓李，意思是你和当今天子一个姓了。名字从“慕华”到“赞华”，似乎是认为，可以发挥一些实际作用了。从历史事实来看，自耶律倍到中原，至后唐末帝李从珂夺位，契丹和后唐几乎没有发生战事。这里面的原因当然很复杂，但可以肯定，耶律倍人在中原，这一因素是起了作用的。明宗李嗣源因此更加看重耶律倍，后来又改封他为义成军节度使，治所在滑州（今河南滑县），这是实实在在的藩镇了，不像之前的虚衔。同时，还让他遥领虔州节度使，耶律倍当然不可能再分身去管，因为虔州在江西，但他可以享受待遇。不管怎么说，兼领两镇节度使，说明明宗李嗣源给他的待遇，还是比较高的。

那么，从浮海奔唐以后，耶律倍客居中原的生活怎么样呢？我们可以想象，这几个节度使他是不会认真去做的。别说是一些虚衔，即使是实在的义成军节度使，他也是“优游自奉，不豫政事”，即整天优哉游哉，享受生活，估计就是看书、写诗、作画了，政事全交给他的僚属去完成。对于耶律倍的这种态度，明宗倒很欣赏，觉得他很明智。这个我们也完全可以理解，你是外族人，又是“统战对象”，还敢去行使节度使的权力？正因为耶律倍在这一点上很明智，所以明宗对他很优容，有时候他做了什么违法乱纪的事，明宗也不追究。耶律倍的生活环境比较宽松。

对于自己故乡的亲人，耶律倍也没有因为寄居他国而断绝音讯，而是“常思其亲，问安之使不绝”（《辽史·义宗倍传》）。每次有契丹使者来后唐，耶律倍都要问一下太后如何，太宗如何，常常托使者带家书回去，思亲母怀胞弟之情殷殷可见。他还常常派出使者去契丹向太后问安。所以有史书评价他说“寄迹他国，思亲不忘，问安不绝，其心甚有足谅者”(《辽史·义宗倍传》)。就是说耶律倍投奔他国，背弃故国，离开母亲，这本来应当批评。但看他这么思念亲人，派去问安的使者不断，他的用心很值得谅解。那么在述律后和耶律德光这边呢？虽然说耶律倍曾经是他们权力安排当中的障碍，但母子兄弟间的感情还是一直不错。再说耶律倍这一走，障碍已经消除，剩下的就是亲情了。他们对于耶律倍也很牵挂。前面我们说过，述律后因为耶律倍在后唐，常常派遣使者以很谦卑的姿态来中原，甚至要求和后唐和亲。虽然以前耶律倍在的时候，太宗耶律德光心中怀有芥蒂。但现在耶律倍走了，他性格中的宽仁就充分显现出来了。太宗耶律德光继续保持了东丹国的建制，由耶律倍的正妻东丹王妃萧氏摄政，这又是女主临朝。当然，萧氏的摄政是名义上的，不可能像述律后那样。对于耶律倍的儿子耶律阮，耶律德光“爱之如子”，时常把他带在身边。这和中原王朝某人一旦失位，其家属就被赶尽杀绝的情况，真是有天壤之别。还有，家族里发生了重大事情，耶律德光也要派人告诉耶律倍。耶律倍出奔中原五年后，有一次，耶律德光到上京的弘福寺，向僧人们布施吃的东西，这是一种祈福的方式，因为整个辽朝从上到下大都信佛。他看到寺里有一幅观音菩萨的画像，于是睹物思人，很伤感地对左右说，以前我看这个观音画像，是和父母兄弟一起来的，时间还没过去多久，“岁时未几，今我独来！”(《辽史·太宗纪》)当年的家人共乐和现在的一人独来相对照，让耶律德光悲叹不已。于是，他在寺院的墙上写了一篇文字，表达自己抚今追昔、思念亲人的心情。后来看到这篇文字的人，都被感染，体会到耶律德光的伤感之情。有一次，耶律德光到辽东一带打猎，突然很想念自己的哥哥，因为这里以前是耶律倍的封地。当时，耶律倍已经死了有一年多，耶律德光就命令皇族宗室都到以前耶律倍的行宫去祭奠他。后来，耶律倍的正妻萧氏去世，耶律德光就将萧氏去世的地方，改为人皇王行宫。这也是一种让他们夫妻在死后合为一体的安排。透过这些，我们可以看得出来，当权力纷争的芥蒂消除以后，耶律倍和故乡亲人们的这种亲情，就变得更加纯粹了，所以互相牵挂的表现很多。

那么耶律倍在中原地区有没有亲情的慰藉呢？也有。前面说过，耶律倍在浮海归唐的时候，带了他的渤海国妻子高氏。高氏和耶律倍能够声气相通，在耶律倍优游自奉的岁月中，应当是他在生活和情感上的主要伴侣。在耶律倍担任义成军节度使的时候，高氏还给他生下一个儿子，就是后来辽朝的晋王耶律道隐。儿子的出生，使耶律倍在异国他乡也有了一个完整的小家庭，应该是欣慰了不少。但同时，有事实表明，他的家庭生活也有一些不和谐因素。这主要还是因为他的老毛病"性刻急好杀"导致的。耶律倍到后唐以后，明宗把以前庄宗李存勖的一个嫔妃赐给他为妻，就是虢国夫人夏氏。这个夏氏是河阳节度使夏家的女儿，很早就进了庄宗的后宫，可是命不好。庄宗李存勖即位不到三年，就因为兵变被杀，夏氏年纪轻轻就成了寡妇。现在明宗把她赐给三十出头的契丹皇子，本来算是不错的归宿。可是和耶律倍生活在一起后她才发现，这位契丹皇子真是让人胆寒。姬妾、奴仆稍微有一点过错，就要被刀割、锥子刺、火灼，可能还要被挖眼睛，这哪里是夏氏这样的大家闺秀能看得过去的。所以在挨过一段时间之后，她终于向明宗请求，说自己愿意和耶律倍"离婚"，削发为尼。我们要知道，古代的女子，尤其是大户人家的女子，不管是"离婚"还是"再嫁"，社会阻力大得不得了。尤其是夏氏已经有过两任丈夫了，所以她请求"离婚"的时候，估计是心如死灰，给自己安排的归宿是出家为尼，这可真是够凄惨的。明宗一看，苦命的夏氏宁愿削发为尼也不愿意做耶律倍的妻子，可见她对耶律倍恐惧到什么程度，不由也动了恻隐之心，就让他们“离婚”了。夏氏真是苦命人！但反过来我们也能想到，耶律倍这样一个腹有诗书的人，能对自己身边的人这么凶残，他自己的心情应该也好不到哪儿去。

六、人生归宿

耶律倍自打到了后唐，受到后唐朝廷的极高礼遇，先后担任几镇节度使，又有了一个完整的小家庭，日子过得优哉游哉。对于这位失位的大辽皇太子来说，似乎可以在中原安定地度过余生了。可就在到后唐仅仅六年多的时候，后唐的最后一个皇帝要拉耶律倍为自己陪葬，这是为什么呢？这还得从耶律倍在中原的庇护者，也就是当初召唤耶律倍到后唐来的明宗李嗣源去世说起。

后唐明宗李嗣源的去世，使后唐相对稳定的政治局面不复存在了，诸子争位，骨肉相残。公元 933 年冬天，还在李嗣源病重的时候，他的儿子李从荣发动兵变企图夺位，结果没成功。李从荣被杀，李嗣源不久就病逝了，他的另一个儿子李从厚继位。结果继位之后不到三个月，李嗣源的养子李从珂起兵造反，杀了李从厚，夺取了皇位。李从珂的夺位，至少引起了两个人的强烈不满，统治危机也很快就来了。这两个人是谁呢？一个是客居后唐的辽太子耶律倍，另外一个是中国历史上大名鼎鼎的“儿皇帝”石敬瑭。耶律倍对李从珂的不满，来自两个方面，其一，耶律倍和李嗣源可以算是兄弟之谊，在中原又受到李嗣源的优待。他从情感上，肯定是更倾向于李嗣源的亲儿子李从厚。李从珂作为养子，居然夺人家亲儿子的皇位，耶律倍自然觉得这是个乱臣贼子。其二，李从珂的行为，令耶律倍非常不齿。因为他夺位后杀了李从厚。所以在李从珂夺位的当月，耶律倍就悄悄给耶律德光去信，说李从珂有“篡弑”的恶行，辽朝应该出来主持公道，派正义之师来讨伐李从珂。耶律倍的这个举动，既体现了他心系故国，也看得出来，他对儒家精神真是身体力行。所以《辽史》也据此称赞他“志趣卓越”。

另一个对李从珂夺位强烈不满的人，就是大名鼎鼎的石敬瑭。石敬瑭是明宗李嗣源的女婿，他对作为明宗养子的李从珂夺位可不买账，你是养子，我是女婿，凭什么你当皇帝我当臣子？而且当时石敬瑭任河东节度使，治所在太原，就是当年李克用和李存勖父子起家的地方，兵精粮足，李从珂对石敬瑭也放心不下。两年以后，李从珂想调虎离山，把石敬瑭调到山东去当节度使，石敬瑭当然不干了，还上表指斥李从珂说，你的皇位来路不正，应该让位给李嗣源的亲儿子。李从珂被戳到痛处，当然是气得暴跳如雷、七窍生烟，当即就派大兵征讨石敬瑭。后唐起倾国之兵来打，石敬瑭就算是兵精粮足，也觉得压力很大，于是派人向耶律德光求援，并开出三项优厚条件：其一是称臣，并且是称“儿臣”，就是把比自己小十多岁的耶律德光像亲爹一样供着。其二是割让幽云十六州给辽朝。其三是每年进贡布帛三十万匹。除了这三项实际利益之外，石敬瑭还找了一些道义上的理由，比如李从珂弑君篡位不当立、自己是硬生生被李从珂迫害逼反的等，总之是要给耶律德光一个师出有名、以有道伐无道的台阶。

耶律德光接到石敬瑭的求援，起初肯定是有点纠结，述律后也不太主张他大举南下。前面我们说过，明宗李嗣源召唤耶律倍到后唐，是为了牵制契丹，让契丹投鼠忌器，也确实起到了一些作用。述律后和耶律德光因为顾念耶律倍在中原，一直还是在克制与后唐的冲突。可是耶律德光知道，如果在战略上想取得对中原王朝的长远优势，就必须获取幽云十六州。太祖耶律阿保机当年费尽周折、劳师动众，一直想做成这件事，但因为时机不利，多次努力都没有做到。现在中原内乱，石敬瑭送上门来，耶律德光怎么舍得放弃这个千载难逢的机会呢？于是，他又是说神人托梦，要他援助“石郎”；又是让巫师占卜，说太祖也让他南下中原，总算说服了述律后，决定兴兵南下。耶律德光这样的决定，难道就不怕后唐因此对耶律倍不利吗？这个他肯定是想到了的。我们只能说，作为一国之君，耶律德光在帝国利益和骨肉亲情不能两全的时候，他还是选择了前者。至于其他，就顾虑不了那么多了。

耶律德光在答应了石敬瑭的求援后，于公元936年率精兵五万（号称三十万）大举南下，很快就消灭了后唐军队的主力，然后封石敬瑭为晋王。这是在为石敬瑭以后当皇帝做准备，因为石敬瑭以前没有被封过王，只是封了节度使，离皇帝的级别差得太远。晋王这个封号，在后唐的意义非同一般，因为后唐太祖李克用、庄宗李存勖都曾经受封为晋王。所以很快，耶律德光就册封石敬瑭为大晋皇帝，“约为父子之国”。接着，派五千辽兵，再加上石敬瑭自己的兵，往洛阳进发。李从珂起先还离开洛阳四处督战，后来眼看大势已去，极为悲观失望，也不怎么管军事了，天天“酣饮悲歌”，借酒浇愁。有臣下跟他谈军事，他就打断，说你们别在我面前提石敬瑭，我一想起他就心胆堕地。其间，有大臣劝李从珂好好利用耶律倍这张牌，派兵把他送往辽朝境内，打出他皇太子的旗号，辽朝肯定会有人起来响应他，这样一来，耶律德光后院起火，不是就自顾不暇了吗？这在当时也算是一个办法，李从珂也觉得不错。但是，他自觉气数已尽，没有心力去采取什么行动，而是回到洛阳，天天坐困愁城。很快，石敬瑭兵临城下，李从珂就带着后唐的国玺，表示与江山共存亡，然后举族登上洛阳城内的宣武楼，纵火自焚而死。作为一个皇帝，李从珂宁死不降，多少算是表现出了一点血性。但他在自焚之前，却想让耶律倍和他一起赴火自尽。

李从珂之所以要杀耶律倍，是穷途末路时的一种报复心理使然：我的力量本来是可以消灭石敬瑭的，全都是因为辽朝插手，我不但灭不了石敬瑭，还要落得国破家亡的下场。好，你耶律德光不是逼得我全家自焚吗？我拉你们家的人来垫背！这种因为两国交兵，导致一国皇族在他国遇险的事，中国历史上实在是太多了。比如，春秋战国时期各国盟约，经常要拿王子到对方那里做人质，称为质子。目的就是警示对方，如果你敢违约攻打我，我就把你的儿子杀了。秦始皇的父亲庄襄王子楚，当年在赵国当人质。后来秦国围攻邯郸，赵国人急眼了，就想杀了他。子楚在吕不韦的帮助下才逃回秦国。

李从珂命令耶律倍和他一起自焚，耶律倍作何反应呢？他当然不从，虽说“君叫臣死，臣不得不死”，但李从珂这个君主，在耶律倍看来是不够格的。再说了，耶律倍觉得自己也没有应死之罪。耶律倍不从，李从珂就派宦官秦继旻和壮士李彦绅把他杀死了。由此我们可以看到，李从珂对契丹的愤恨真是达到了极点。临死之前，颇费周折也要把耶律倍杀掉。耶律倍多姿多彩的一生，就这样悲剧性地落下了帷幕。在乱兵之中，有一位不知名的僧人把他的尸骨掩埋起来了。他的妻子高氏，不知所终，估计也和他一起遇害了。万幸的是，他和高氏在中原生下的幼子，被洛阳的一个僧人藏起来收养，因而得以存活，后被耶律德光接了回去。

石敬瑭带兵进入洛阳，李从珂已经死了。后唐灭亡，石敬瑭成了中原的皇帝。他知道耶律倍被李从珂所杀，就穿着丧服亲自前去吊唁，以天子的礼仪把耶律倍的尸骨停柩待葬，石敬瑭在灵前放声大哭。他哭什么呢？哭他“伯父”嘛。他认耶律德光为父，那耶律倍就是他伯父了。他是哭给耶律德光看的。哭完了，下诏追封耶律倍为燕王，又派官员护送耶律倍的灵柩北上，去见耶律德光。

耶律德光看到哥哥的尸骨是什么反应，史籍当中缺少记载，我们无从得知。但根据人情推测，他的心情应该是很复杂的。几十年的兄弟之情，哥哥弃国出走不致让他为难的“让国”之义，现在兄弟俩的天人永隔，肯定会让他伤感。他起兵南下攻唐和哥哥被杀之间的关联，可能会使他觉得愧疚，我不杀伯仁，伯仁因我而死。所以后来，耶律德光打进中原灭掉后晋的时候，找到了杀害耶律倍的秦继旻和李彦绅，将他们处死，把他们家族的财物没收，赐给耶律倍的儿子耶律阮。但同时，我们也不能排除，哥哥死了以后，兄弟俩的竞争比较“体面”地结束了，也会让他觉得如释重负。耶律德光下令把耶律倍葬于闾山，也就是耶律倍以前建藏书楼的地方，耶律倍一直喜欢这里山水奇秀，所以耶律德光让哥哥在这里入土为安。同时，追谥耶律倍为“文武元皇王”。古代的谥号，是对一个人一生行迹的盖棺论定，大概分三种：表扬性的，比如文、武、德、宪等。批评性的，比如隋炀帝的“炀”，说他好内远礼；周厉王的“厉”，说他防民之口极为严苛。同情性的，比如李从厚，没什么大的过失，被李从珂起兵推翻了、杀了，就被追谥为“闵帝”。耶律德光给耶律倍的这个谥号，评价是非常高的，因为用的几个字，都是表扬性的。文，有“敏而好学”“博闻多见”等含义，肯定的是他的文化修养；武，有率众服远、拓地开封等含义，这是对耶律倍南征北战的武略进行肯定；元，在谥法中有“主义行德”的意思，就是说这个人一辈子坚持道义，行有德之事，大概是对耶律倍深明大义、让国出走这一行为的肯定。后来耶律倍的子孙当了辽朝皇帝，追谥他为“让国皇帝”，庙号“义宗”，也是这个意思。另外，耶律倍和高氏在中原所生的幼子，这时候很小，顶多六七岁，因为被一个僧人隐藏起来才得以存活，就给他起名“道隐”。耶律德光把这个侄子带回国都上京，后来又把外罗山地赐给他居住。这个地方在今天辽宁北镇的西佛寺一带，也属于耶律倍以前的东丹国。耶律道隐一直生活得很平静，活着等到了耶律倍的子孙当皇帝的时候，被封为王，获得善终。

耶律倍的其他遗属在辽朝也有很妥善的安置。耶律倍的正妻萧氏，在耶律倍南渡中原以后，至少一直是东丹国名义上的女主。耶律倍被杀三年以后，萧氏也因病去世。其间，耶律德光还跟母亲述律后来探望过萧氏的病情。耶律倍的长子耶律阮，也常常跟随在耶律德光左右，耶律德光很钟爱这个侄子，让他在文韬武略各方面受锻炼，后来还封他为王。这体现出，此时的大辽王朝还没有把中原王朝“残酷斗争，无情打击”的争位逻辑照单全收，也说明耶律德光确实个性宽仁。

随着耶律倍客死异乡，他和弟弟耶律德光之间的竞争，就算是画上了句号。耶律倍的这一生里，浮海出奔是他人生的转折点，也是评价他一生行迹的核心事件。《辽史》中关于耶律倍的传记，就是围绕浮海出奔这件事来评价他的一生的。大概是说，耶律倍把天下让给弟弟是很值得肯定的。尤其是辽朝新建，皇位才经历一世，肯接受失位、让国出走，就更加难能可贵了。但是耶律倍失位之后，受到弟弟猜疑而出奔中原，最终客死他乡，也有咎由自取的成分。为什么这么说呢？你父亲太祖耶律阿保机让你在一个附庸国享受天子待遇，你既然精通儒家文化，知道“天无二日、民无二君”，为什么要接受这个待遇，你不知道这是违背礼制的吗？你们父子不遵礼制，所以最终自食其果。不过，对于耶律倍践行儒家文化，史书也给予了充分肯定。比如，像吴太伯一样让国出走避免手足相残，痛恨李从珂篡位弑君而上书请兵，建言太祖祭祀孔子等。总之，耶律倍的功德是大于过失的。

历来的史家学者，或是基于儒家观念的影响，或是出于文人之间的惺惺相惜，总是倾向于因为耶律倍未能继承皇位而把他看作一个受害者、权力斗争的牺牲品，并寄予很多同情。耶律倍的人生，尤其是他最后在异乡被杀，确实是悲剧性的，这种悲剧性，和他多方面的才华两相对照，确实不由得让人心生悲悯。可如果到此为止，我们就远远低估了这件事在辽代政治发展中的意义。这件事不是一个孤立的事件，其实是辽帝国作为一个少数民族王朝，在取法中原文化建章立制和保持契丹民族传统之间，出现矛盾冲突的体现。而且，这件事所留下的政治遗产，可以说影响了辽代二百年的每一次皇位更替。

七、身后余波

前面我们讲到，辽朝的皇太子耶律倍在客居中原几年后，卷入了后唐的政局纷争，他的弟弟辽太宗耶律德光率大军南下，帮“儿皇帝”石敬瑭灭了后唐。后唐末帝李从珂在临死前，派人杀了耶律倍。耶律倍浮海奔唐，终以悲剧落幕。当初兄弟俩的皇位之争就以这样的结局“体面”地结束了。十年以后，这件事的政治遗产，让耶律倍的儿子耶律阮当上了辽朝皇帝，算是弥补了父亲的遗憾。可是皇位怎么会落到耶律阮头上呢?

耶律阮能够继位，和当时的局势有很大关系。耶律德光在公元947年灭了后晋，在班师途中病逝于河北栾城。当时耶律倍的儿子耶律阮一直在叔叔的军前从征，并且刚刚被封为永康王。耶律德光去世以后，耶律阮曾经和心腹商量局势，他的心腹劝他当机立断，称帝继位。但是耶律阮前面还横着一个人，就是他的三叔耶律李胡。耶律阮想登上皇位，就得把先帝钦定的接班人搬开，风险当然很大，按照中原王朝的看法，这甚至算得上是谋逆。

当时在军中乃至于整个契丹，有两个人的意见非常重要，这就是南院大王耶律吼和北院大王耶律洼。看过《天龙八部》的读者应该对南院大王有印象，就是乔峰到契丹后受封的官爵，这是掌握契丹皇族军事力量的重要角色。所以，耶律阮先派心腹去探这两人的口风。正好，南北两院大王当时也在商量皇位继承的事，看到耶律阮的心腹来，两院大王就讲，他们想拥戴耶律阮。但皇太弟耶律李胡和太宗耶律德光的长子耶律璟都在朝中，如果不请太后定夺，恐怕会酿成一场内战。南北两院大王的话已经透露出一些契丹皇位继承的独特逻辑，即他们认为，太祖的长孙耶律阮、太宗的长子耶律璟和皇太弟耶律李胡，都有继承皇位的资格。这不像中原王朝的嫡长子继承制，确定的候选人只有一人。看到两院大王犹豫，耶律阮的心腹就陈说利害关系，说太宗的长子虽在，但天下属意，多在永康王耶律阮。对于这一点，两院大王是认可的。接着这个心腹又说，如果禀告了太后，太后肯定会立耶律李胡，耶律李胡的残暴大家都是很清楚的，如果他继位，那国家不知道会被搞成什么样子。于是，两院大王就决定：拥耶律阮当皇帝。随即他们分头行动，耶律阮的心腹散布谣言，说耶律李胡已经死了；两院大王马上整饬军旅，召集诸将，宣读了一个所谓的太宗“遗诏”，不外乎说耶律阮是太祖嫡孙、人皇王长子，太后钟爱，臣民拥戴，应该当皇帝。当然，最重要的是两院大王最后说“若有不从者，军法从事”(《辽史·耶律洼传》)。诸将表示拥护太宗的指示，拥耶律阮当皇帝。于是，耶律阮在太宗的灵前登基，诸将都宣誓向他效忠。

耶律阮在太宗的灵前匆匆继位，这么大的事居然没有提前禀告述律后，这还了得，一场风波肯定是无法避免的。果然，述律后和耶律李胡知道耶律阮继位的消息，气得七窍生烟。述律后大骂耶律阮：大辽江山是我儿子耶律德光打下来的，继位的应当是他的儿子。你父亲耶律倍抛家舍业，背弃母亲，投奔敌国，是大逆之人，你这个逆人之子还想当皇帝？当然，大家都知道，述律后说耶律德光的儿子应当继位，只是放个烟幕弹而已，她想立的皇帝，是耶律李胡。述律后骂完，当即派耶律李胡带兵去攻打耶律阮，结果被耶律阮的先头部队打得大败而归。这场仗很有意思，对阵的双方势力总代表是述律后和她的孙子耶律阮。直接对阵的双方将领，一方是耶律李胡，另一方是耶律李胡的五叔耶律安端。这是一场祖孙叔侄间的大战，最后以述律后和耶律李胡的失败告终。

此时的述律后和耶律李胡，虽然在军力上处于劣势，但手里有一张王牌：跟从耶律阮的臣僚和诸将，他们的家属都在国都。耶律李胡吃了败仗后，恼羞成怒，把这些臣僚的家属全都抓了起来，以此威胁耶律阮。所以耶律阮这边也是投鼠忌器，不敢强攻。就在双方相持不下的时候，有一个叫耶律屋质的皇族惕隐（职掌皇族政教的官员）站了出来。耶律屋质觉得，祖孙俩这么对峙下去也不是办法，就劝述律后咽下这口气，说不管是儿子还是孙子，都是自己的亲骨肉，谁当皇帝都差不多，犯不着刀兵相见。他愿意当调停人，让双方和平解决问题。述律后觉得有理，就答应了。耶律屋质又去耶律阮那边，成功说服耶律阮跟太后讲和。

到了讲和的那一天，述律后和耶律阮一见面就互相指责，越说越生气，越吵越僵。耶律屋质一看，这样吵下去迟早惹麻烦，就赶紧插话调停。他首先责问述律后，以前有皇太子耶律倍在，你为什么立了次子耶律德光？述律后回答说，立耶律德光是太祖的遗命。耶律屋质又责问耶律阮，你为什么不禀告尊亲，就擅自继位为帝？耶律阮回答说，我父亲当年本该当皇帝，却没能当上，被逼得远走异国、客死他乡，我为什么还要向他们禀告？耶律屋质正色批评耶律阮说，你父亲人皇王舍弃父母之国南奔后唐，这难道是作为人子应该做的事吗？你见了自己的祖母太后，一点也不恭敬，一味地挑衅指责，就更不应该。接着他又批评述律后说，你当年因为偏爱，不立人皇王耶律倍为皇帝，还以太祖的遗命作为托词，你们俩都这样，哪里还能指望和好，赶快各自带兵来交战吧！说完转身就要走。看到耶律屋质要撂挑子，这祖孙俩才开始自我反省。述律后也许是想起以前丈夫和儿子们所经历的艰难，不由得流下了眼泪，哭着说，当年太祖在位时，他的弟弟们多次发动内乱，弄得生灵涂炭，创伤至今还没恢复，今天难道要再重演一次吗？耶律阮看到自己年已古稀的祖母流泪了，惭愧地说，我父亲当年没有犯上作乱，我今天却要这样做，这又是谁的罪过啊。听了祖孙俩推心置腹的话，左右在场的人，都觉得十分伤感。于是就把耶律屋质叫回来，让双方达成了和议，各自罢兵。

和议达成以后，述律后就问耶律屋质：既然大家说好不发动内战了，那究竟谁来当社稷之主呢？耶律屋质说，永康王耶律阮已经被拥立为皇帝，顺天合人，太后承认既成事实就行了。这话一说出来，旁边的耶律李胡就变了脸色，厉声说，我还在，兀欲（耶律阮）那小子怎么能当皇帝！耶律屋质就说，“礼有世嫡，不传诸弟”（《辽史·耶律屋质传》）。也就是说，礼法规定，有嫡子嫡孙在，就不传位给弟弟。这时，述律后长叹一声，说出了她这辈子少有的感到后悔的话。她说，这么多孩子当中，我最喜欢你。但俗话说“偏怜之子不保业，难得之妇不主家”，谁让你不成器呢？不是我不想立你，是你自己立不住啊。于是，述律后召集契丹贵族开会，承认耶律阮为皇帝。此后整个辽代，除了穆宗耶律璟之外，其他皇帝都是耶律倍的子孙。所以史书上说，这就是耶律倍一生践行儒家道德所得的福报。

那皇太弟兼天下兵马大元帅耶律李胡的结局是什么呢？耶律阮回到上京不久，接到告发说，述律后和耶律李胡还不死心，想翻盘。于是，耶律阮就毫不客气地把自己的奶奶和叔叔迁到祖州，并且禁止其出入。这个祖州就在上京附近，是太祖耶律阿保机的陵寝所在地。不过，两人的待遇还是保留了原先的。述律后不久之后就死了；耶律李胡一直活到辽穆宗耶律璟时期才死，这已经是十几年后的事了。他是因为自己的儿子谋反，受到牵连，被逮捕下狱，死在狱中。但是，耶律李胡和耶律倍一样，生前没当上皇帝，死后却当了皇帝。耶律阮的孙子辽圣宗在位时期，追谥耶律李胡为“钦顺皇帝”，后来又改谥“章肃皇帝”。所以今天我们在《辽史》中看到的关于耶律李胡的记载，称他为“章肃皇帝李胡”。这就奇怪了，耶律李胡为了皇位和耶律阮刀兵相见，耶律阮的子孙为什么还要追封耶律李胡为皇帝呢？

前面讲辽太子出奔这件事的前因后果，是为了向大家展现，辽帝国作为一个由游牧民族建立的王朝，在封建化或汉化过程中，本民族的传统习惯和中原汉制之间所发生的冲突。具体来说，是契丹固有的世选制和中原的嫡长子继承制之间的冲突。

什么是世选制呢？简单讲，就是在一个居于统治地位的家族当中推选首领。注意，是家族不是家庭。就是说在你们这一族之内，一旦你不当首领了，你的儿子、孙子、兄弟、堂兄弟、兄弟和堂兄弟的子孙，都有当首领的资格，都是候选人。正常情况下，在这么多的候选人当中，族人觉得谁最有才能，就会推举他当首领。如果在任期内，干得好就继续当首领，干得不好就下台。我们可以看到，这种世选制和中原王朝的嫡长子继承制有很大的不同。虽然说两者都重视血缘关系，但在嫡长子继承制下，候选人肯定是明确且唯一的。嫡长子继承制有两个标准："立子以贵不以长""立嫡以长不以贤"。第一句话是区分嫡庶，也就是儿子的身份地位视母亲的身份地位而定。我们看到《红楼梦》里，贾宝玉和贾环两兄弟，贾宝玉是正妻王夫人生的，贾环是小妾赵姨娘生的，两个人的地位悬殊。第二句话是区分长幼。就是在地位最高的母亲的几个儿子中，依据年龄大小最终确定继承人，年长的优先。至于这几个儿子当中谁最有才能，不在考虑范围之内。嫡长子继承制通过这两个步骤，选定的继承人是唯一的，很明确。其他任何人如果有非分之想，那就是谋逆，死罪难逃。

契丹的世选制是被耶律阿保机打破的。耶律阿保机作为一个杰出的首领，看准了学习中原是契丹民族的出路，所以，他不满足于当部落联盟的可汗，而是要当一位新帝国的皇帝。于是他建国称帝，表明国家的统治者以后是不可能再通过改选换人了，是终身制的。而且继任的人，也应当是皇帝的子孙。所以他册封长子耶律倍为皇太子。这就是表明一种态度：大辽王朝要向中原王朝学习，实行嫡长子继承制。

但是我们也都知道，世选制作为一种行之已久的传统习惯，是深入人心的，不可能一朝一夕就改得掉。世选制和嫡长子继承制相比，好处在于可以选拔贤才，坏处在于容易引起纷争。因为贤能与否，在评价的时候有较强的主观性，候选人就可能拉帮结派、党同伐异，很可能刀兵相见、骨肉相残。嫡长子继承制的好处，在于明确。谁的母亲地位高，谁最年长，这些都是客观的，没有争论的余地，引起纷争的可能性比较小。但因为追求确定性，也容易带来一个坏处，就是这个继承人是有能力的人还是平庸的人，全凭运气。

正因为两种做法优劣互见，所以耶律阿保机就有点纠结，采用嫡长子继承制有利于家天下，所以他立耶律倍为皇太子。可是那次在河北的惨败，又让他怀疑这个长子到底有没有能力。于是他把目光投向次子耶律德光，封其为天下兵马大元帅。估计他是举棋不定，想考察一下两个儿子的表现，再作最终决定。可没等这个最终决定作出来，他就病逝了，留下两个都有继位资格的儿子。而且，他的这种安排很容易让大家认为，世选制还没有完全失效，继承人还是在一个范围内，而没有指定具体的人。因此，耶律德光继位后，耶律李胡也想当皇帝，甚至他们的侄子耶律阮也想当皇帝，这就容易引起纷争。《辽史》上说，“李胡而下，宗王反侧，无代无之，辽之内难，与国始终”。就是说辽朝皇位虽然一直在耶律阿保机的子孙手里，但从耶律李胡开始，近支亲王图谋夺位的事，每一代都有，这种内乱一直持续到辽朝灭亡。这也是世选制的影响使然。一个人当了皇帝，他的弟弟、儿子、侄子甚至叔叔都认为自己也有资格当皇帝，一个个理直气壮地出来争位。在世选制传统的影响下，大家对兄弟叔侄之间的皇位竞争，都觉得很正常，不像中原王朝那样，认为这就是谋逆，应该千刀万剐。

耶律阿保机仿汉制建国称帝、册立皇太子之后二百年，大辽王朝还在世选制和嫡长子继承制这两种做法当中纠结。整个辽代，皇太子、皇太弟、皇太叔、天下兵马大元帅，这几个具有皇位继承人意义的封号，多次同时存在，纷争不断。辽代一共有三个皇太子，顺利继位的只有一个；天下兵马大元帅先后封了七个，当上皇帝的只有三个；皇太弟封了两个，都没当上皇帝。所以辽代的政治继承体制，让中原人觉得很混乱。其实，这是因为世选制和嫡长子继承制都在发挥作用，没有一定之规。

少数民族王朝汉化，需要一个过程，这个大家都能理解。可怎么二百年都确立不下一种继承制度呢？学习中原的速度慢得有点不正常啊。确实，这里边是有原因的。自耶律阿保机建国时起，契丹一方面在学习中原文化，但另一方面，也注意保持本民族的文化，对汉化的速度有所控制。因为契丹人觉得，中原汉族文明确实先进，值得学习，但是又认为中原汉族比较文弱，所以就想保留契丹族的一些优点。比如，耶律阿保机本人会说汉语，但他从来不在部众面前说，就是害怕上行下效，部下受汉文化影响会变得胆怯、文弱。他并封儿子为皇太子和天下兵马大元帅，也是想利用世选制可以保持竞争性的好处。到了耶律德光当皇帝后，就明确实行“一国两制”“因俗而治”，即“以国制治契丹，以汉制待汉人”(《辽史·百官志》)。而且官员分为南北两面，“北面治宫帐、部族、属国之政，南面治汉人州县、租赋、军马之事”(《辽史·百官志》)。可以看得出来，大辽帝国对于保持契丹的民族精神，一直是十分注意的。在这样的整体氛围之中，嫡长子继承制立而不稳，世选制一直能发挥作用也就不奇怪了。

结合前几节内容，我们可以进行总结：辽朝初年的皇太子出奔，是契丹在汉化的过程中，新制与传统习惯之间冲突的表现。按汉制，皇太子理所当然应该继位；按照传统习惯，耶律德光也有继位资格。最后各部贵族选择了耶律德光，皇太子耶律倍失位出走。可自从辽朝仿汉制立国，嫡长子继承制毕竟成为权力交接的一种选项，成为法统上的依据，后来耶律倍的儿子正是以此作为名目夺回了皇位，也使辽朝皇位没有旁落到耶律阿保机的子孙之外。契丹这样一个尚武民族，之所以没有发生五代、突厥、回鹘那样频繁的政权易手，嫡长子继承制起到了一定的“稳定阀”作用，这是不容否认的。所以，尽管契丹觉得中原文明存在一些问题，但二百多年来，汉化的方向却从未改变，学习汉制的步伐也从未停止。契丹能够称雄于漠北草原二百年，并且当时在和西域、中亚以及朝鲜半岛各国交往时，被视为代表“中国”，接受朝贡，都与学习汉制、接受中原文明的成果密不可分。

第二讲

国文被刺疑云

一、蹊跷的刺杀

辽代曾发生一起政治谋杀案，这个案件不论是在当时还是在现在，看起来都是疑云重重。公元970年，辽景宗耶律贤赴东京（今辽宁省辽阳市境内）祭奠他的祖父东丹王耶律倍和父亲辽世宗耶律阮。回归途中，队伍行进到闾山的盘道岭（今辽宁省北镇市境内）时，突然遭遇一场蹊跷的袭击。结果国丈萧思温被“盗贼”杀死。后来经过调查，发现此事的幕后主使是国舅萧海里兄弟三人，于是萧海里和萧海只二人当即被处斩，另一案犯萧神睹则被流放到黄龙府（今吉林省农安县境内），次年也被处死。简单叙述案情，就会让我们感到不解，国舅为什么要谋杀国丈呢？为什么要说国丈遇刺是一场蹊跷的袭击所致呢？这件事到底还有什么内情？让我们先回到案发现场。

耶律贤的祖父耶律倍是大辽第一任皇太子，却未能继位，浮海南奔中原，最终在他乡惨死；父亲辽世宗耶律阮，千辛万苦夺回属于自己的皇位，却在几年后被人谋杀；而耶律贤本人，父亲被杀的时候才四岁，多亏一位厨子用毛毡把他裹了藏在柴草堆里，才侥幸逃过叛军追杀，但却因此留下了终身病症。不久前，他才在堂叔辽穆宗被杀之后登基为帝。想起自己祖孙三代因为皇位所受的磨难，耶律贤肯定内心是极其不平静的。所以，在继位第二年，他去东京祭奠父祖，估计是为了告慰他们：皇位又回到咱家手中了，你们就安息吧。去的时候，耶律贤当然带了很多亲信大臣。其中，就包括他的老丈人，也就是皇后萧燕燕的父亲萧思温。祭奠完之后，一行人就往回走。结果没走多远，到了盘道岭这个地方，突然从山林中蹿出一批手执武器的强盗，直接就向队伍杀过来。敢拦截皇帝的车马，这些盗匪真可谓胆大包天！难不成是有人想谋权篡位，杀死皇帝另立新君？不是，因为这些盗贼，是直接冲着萧思温所在的地方冲过去的。我们可以想象，皇帝出行的队伍，肯定是人马众多、浩浩荡荡，首尾绵延数里。这伙贼人直接冲着萧思温那边杀过去，举刀就砍，行动极为迅捷，萧思温身边的亲军猝不及防，很快被砍死了好几个，顿时阵脚大乱，慌作一团。很快，萧思温也倒在血泊之中。

这事发生得实在是太突然了！等到皇帝耶律贤得到消息，马上派人过来看时，整场袭击已经结束了。地上横七竖八躺着一些尸体，有盗贼的，有亲军的；当然，也有萧思温的。耶律贤听了臣下汇报，顿时大为震怒，马上下令严查此事。

耶律贤的震怒，当然是可以理解的。一方面，居然有人敢如此胆大妄为，武装袭击皇帝祭祖的队伍，还杀死了当朝大臣；另一方面，这些人杀的不是别人，是萧思温，皇帝的老丈人。萧思温出身贵族世家、背景显赫，作为契丹后族，他是辽朝开国后第一位宰相萧敌鲁的族侄；辽太宗耶律德光在位时，把自己的女儿，也就是辽朝后来第一位获得公主称号的女性“燕国大长公主”嫁给了萧思温，萧思温因此变成了驸马。太宗时期，他留守幽州，负责面对中原政权。辽穆宗耶律璟是萧思温的小舅子，也对萧思温非常器重，曾在和后周对抗的时候，任命萧思温为兵马都总管，统领辽军。辽穆宗被杀后，萧思温在拥立辽景宗即位的过程中立下大功，女儿萧燕燕又是辽景宗的皇后，因此，很快就位极人臣。他担任北院枢密使，这是辽代军政部门的一把手，还兼任北府宰相，位高权重。皇帝还特许其子孙世世代代都可以当北府宰相的候选人。此外，辽景宗又任命他为尚书令，进封魏王。可谓是权势煊赫，炙手可热。他的三个女儿，除了小女儿萧燕燕为辽景宗的皇后外，另外两个女儿，一个嫁给了辽太宗的儿子齐王耶律罨撒葛，一个嫁给了辽太宗的弟弟，即后来被追谥为章肃皇帝的耶律喜隐。萧思温既是朝中位极人臣的皇帝心腹，又是皇家的姻亲，如今居然被盗贼杀死，那皇帝大动肝火就是必然的了。

皇帝严令追查，各有关部门自然不敢怠慢，马上全力以赴搜捕疑犯。这个案件的蹊跷之处，完全可以给办案人员一些提醒，比如，这伙盗贼的真实身份到底是什么？萧思温是与辽景宗同行途中被害的，即使没有精锐的皇帝卫队，单靠萧思温自己的亲军队伍，也不至于被小小的盗贼袭击致死，可见，这伙盗贼绝不是一般的盗贼。随皇帝祭祖的队伍浩浩荡荡，除了皇帝外，文武百官、达官显贵如云，这伙盗贼为何偏偏选中萧思温作为暗杀对象，而且，还能那么准确地在长长的队伍中找到萧思温所在的位置下手？显然，这次袭击的目标不是皇帝，就是萧思温，而且很有可能是内外勾结作案。

循着这些线索追查，在案件发生四个月后，有关部门很快就挖出了盘道岭刺杀事件的幕后主使。调查结果显示，国舅萧海里、萧海只、萧神睹兄弟三人，谋划了刺杀萧思温的整个过程。他们知悉了辽景宗祭祖的行程安排、队伍次序的先后，以及保卫力量的分布情况后，确定返回途中在盘道岭发难，动手的有盗匪，但大多数应当是他们掌握的国舅帐部族军武装，这不是一般的强盗所能比的，所以一举成功。查到案件的真实情况后，萧海里、萧海只二人当即被处死；萧神睹则被处以流放之刑，流放到黄龙府，也就是今天的吉林农安一带。这估计是因为他在共同犯罪中主要听从两个哥哥的，作用相对次要，所以被网开一面。但是第二年，估计辽景宗余怒未消，又下令把他也处死了。

萧海里兄弟三人与萧思温有何深仇大恨，非要处心积虑除掉他呢？其实，要找他们杀萧思温的理由，并不太困难。从当时的朝论来看，大家都觉得萧思温是一个该杀的人，因为这个人德不配位。一方面，萧思温权势煊赫、位极人臣，但是能力不行，不能服众；另一方面，他作为皇帝身边的亲信大臣，对于皇帝的过失不能劝谏和匡正，一味阿谀取容，导致国事败坏，可谓误国殃民。辽穆宗时期，中原的后周去攻打偏安江南的南唐，辽穆宗就想趁火打劫，派萧思温带兵南下攻击后周，结果萧思温“惮暑不敢进，拔缘边数城而还”。就是说他怕热，没去真打，占了边境上的几个城池就回去了。你没打痛人家，人家回头就来揍你。后周很快就北伐攻辽，攻占了三关、二州，威胁幽州。萧思温担任兵马都总管负责抗击周军，却不知道该怎么应对，一味龟缩不战。幽州城里人心震恐，好多老百姓逃入西山去避难。萧思温手下的将士看不下去，纷纷请求出击周军。萧思温说不行，等皇帝来了再说。原来他是怕承担战局不利的责任，在防守时上书请求皇帝御驾亲征。后来，后周世宗柴荣病重，后周军队自己退回去了，不然真不知这场仗怎么收场。除了能力不行之外，萧思温的人品也有问题。辽穆宗在位时，酗酒好杀，荒废政务。萧思温是皇帝的妹夫，享有高官厚禄，很受宠信，但是对于辽穆宗的失德之处从不劝谏，无所匡辅。这种明哲保身的做法，就丢失了一个重臣的本分了。而且他自己对属下吹毛求疵，又“事多徇私”，所以朝论对他非常不满，认为他祸国殃民。这可以说是他招来杀身之祸的重要原因。

照这么看来，萧海里三兄弟是谋杀了一个不杀不足以平民愤的人，有点替天行道的意思。那么，他们是不是为了伸张正义而谋杀萧思温的呢？当然不是，萧海里三兄弟没这么高尚。前面说过，萧海里他们的身份是国舅。一般来说，古代的国舅是皇帝的大舅子或小舅子，但萧海里他们的这个国舅身份，并不是一个具体的亲属角色，而是说他们属于辽代后族的国舅帐。辽代后族都姓萧，世代与皇族耶律氏通婚。这个萧姓后族的范围很大，内部又分为二帐四房，在通过和皇族通婚获取政治权力方面也相互存在竞争。萧思温属于国舅的大翁帐，据专家推测，萧海里兄弟三人很可能属于国舅少父房。辽景宗之前的几位皇帝的皇后，都来自少父房，或者和少父房是政治盟友。人家都垄断了好几代皇后之位了，在朝廷中肯定树大根深。现在辽景宗即位，你大翁帐就突然从旁杀出，占据了皇后之位，那不是断送了人家的富贵吗？而且这个暴发户国丈，本身又是千夫所指，恃宠放肆，做事徇私，估计小人得志的嘴脸没少露。这下其他国舅帐的人就受不了了，于是才有萧海里三兄弟下决心刺杀萧思温的事情。可以说，这是契丹后族内部权力争斗的结果。

萧海里三兄弟谋杀萧思温的事情败露，一个个伏法被杀，这个案子按理说也该了结了。然而，更深的内幕，在数年之后“诡异”地暴露了。当年与萧思温一起拥立辽景宗，并且深得辽景宗信任的两个大臣——高勋和女里也参与了谋杀萧思温的事件。这下，案子就变得复杂了，大家都觉得这不仅是后族内部争权这么简单，而是牵涉更高层的人物，有更深的内情。

我们先简单了解一下高勋和女里到底是何许人也。这两个人同样是拥立辽景宗的重臣，在当时也是大权在握。高勋本是后晋的官员，辽太宗时降辽，因为他机敏能干，好结交权贵大臣，肯为别人办事，所以人缘很好，满朝大臣“多推誉之”，他一直受到重用。高勋担任过上京留守、幽州留守，后任枢密使兼政事令，又被封了王爵，位高权重。辽穆宗被杀的时候，正是他和萧思温、女里三人带着千余骑兵护送耶律贤到现场，控制了局面，使耶律贤顺利登基为辽景宗。高勋的地位仅次于萧思温，被授位为大丞相，在辽朝只有三个人得到过此封号，可想而知，他的地位非常尊贵。女里呢，本来是积庆宫的“宫人”，也就是皇家的奴仆。积庆宫属于辽景宗的父亲辽世宗耶律阮，因而女里也算是辽景宗家的老仆人了。辽世宗被杀后，女里当了一个管理马匹的小官。但是暗地里，他还是和旧主人关系非常密切。辽景宗很信任这个老仆人，还在当王爷的时候，就经常和他密谋一些朝政事务。他等于辽景宗安插在辽穆宗身边的耳目，为辽景宗即位起到了很大作用。甚至有人推测，辽穆宗被自己身边的近侍、厨子等人合起来刺杀，是辽景宗通过女里谋划指使的，因为女里是管理马匹的小官，和那些人地位接近，联系方便，不容易引起怀疑。由此可见，女里和高勋、萧思温一样，为辽景宗即位立下了汗马功劳。这三人可以说是关键时刻冒着生命危险一起做大事的战友，按理说应该是同气连根的。那么，高勋和女里怎么会谋杀萧思温呢？

我们从高勋和女里谋杀萧思温的内情败露说起，这真的是太富有戏剧性了，所以才让我们觉得有点诡异。这两人都是被其他事情牵扯出来的。女里是因为被人告发家里私藏铠甲五百副而暴露，这在古代可非同小可，有重大的谋反嫌疑，于是有关部门去他家搜查。结果呢？铠甲搜没搜出来史书上没有说，却说从女里袖子里搜出了他和杀害萧思温的贼人来往的书信，这可真是石破天惊！同时也让人觉得有点不可思议。因为萧思温是在保宁二年（公元 970 年）被杀的，女里要是真和贼人有联络，按常理应该是在保宁二年之前，至少不会晚于萧思温被杀之时。但是，他被告发私藏铠甲、导致有关部门查办却是萧思温死后好几年的事，也就是说他把这些有可能导致他掉脑袋的书信在袖子里藏了好几年，这明显不太合乎情理。这些东西如此事关重大，他早该毁掉才对，为什么要一直留着，还藏在衣袖中？更重要的是，史书上记载，审问女里时，又牵扯出了高勋。高勋在此前已经因为一桩没头没脑的制造毒药事件被除名流放了。什么事呢？辽景宗的弟媳妇制造鸩毒，高勋和她合谋，而且还把鸩毒传递给大辽驸马萧啜里。至于为什么要制造鸩毒，毒害的对象是谁，高勋为什么又要和景宗的这些亲戚合谋，这些都是一笔糊涂账。由于资料限制，我们今天也不可能知道了。总之，高勋因为这事被免除了一切职务，并被“除名”，也就是褫夺了“干部”身份，流放到外地。现在他又牵涉谋害萧思温，那必死无疑了。

分析到这里，可能各位读者已经感觉到了诡异之处。先是高勋因为毒药事件被除名流放；接着女里被人告发私藏铠甲，在审查中又发现他谋害萧思温的证据，然后他又咬出了高勋。这是不是有点太巧合了？总让人感觉这好像是有人刻意导演的一样。再说，我们在历史资料中也没发现高勋、女里跟之前已经伏法的萧海里三兄弟有什么联系，既然都是主谋，按理说总该有密谋的蛛丝马迹啊，但我们没发现。那么，说高勋和女里参与了谋害萧思温，而且还发现了所谓的“证据”，这到底是不是有人设计的呢？如果真是高勋、女里所为，那之前已经被砍头的萧海里三兄弟是不是当了替罪羊呢？

回答这个问题的关键，是要考量一下高勋和女里到底有没有参与谋害萧思温，或者说他们参与谋害萧思温的可能性有多大。通过分析，高勋和女里谋害萧思温案发的诸多情节不太合乎情理，甚至有违常识。但是，作为萧思温被刺杀事件的余波，这件事的要害不在于高勋和女里实际上有没有参与谋划，而在于别人为什么要拿这件事作为名目置他们于死地。可见，至少当时朝廷里的人觉得高勋和女里谋杀萧思温是可信的，并不意外，也就是具有逻辑上的真实性。

二、满盘皆输的赢家

国丈萧思温死于一场蹊跷的“盗贼”袭击后，朝廷查明国舅萧海里三兄弟是谋杀的幕后主使，于是三人伏法。但在数年之后，又发现萧思温当年的亲密战友、朝中的两位权臣——高勋和女里也与此案有关，还发现了他们参与谋害的证据。虽然说高勋和女里参与谋杀案的诸多细节显得不太合乎情理，但朝廷里的很多人认定他们也是凶手。因为当时的朝局形势让人觉得，萧思温已经成了高勋和女里的眼中钉，他们完全有除之而后快的动机。这就奇怪了，他们三人不是冒着生命危险一起拥立辽景宗的亲密战友吗？为什么最后走到了你死我活的地步呢？

这还是在于权力和利益的争夺。三人都是拥立辽景宗的大功臣，辽景宗即位后，他们都获得了高官厚禄的回报。萧思温当上了北院枢密使兼北府宰相，成了政府部门的一号人物，女儿还当上了皇后；高勋担任南院枢密使和大丞相，还被封王，这对汉人来说是非常高的尊荣了；女里则加封政事令，任契丹行宫都部署，加守太尉。虽说与萧思温和高勋还有一定的距离，但考虑到他原来只是管理马匹的小官，现在参与朝廷机务，又主管皇帝宫帐事务，升职速度也是很快了。这三人与另外两位受辽景宗宠信的大臣耶律贤适和韩匡嗣一起，构成了当时的领导班子。可是，这个领导班子并不太团结，耶律贤适和韩匡嗣相对超脱，萧思温和高勋、女里却有很多矛盾。那么，到底是哪些矛盾让他们不和，甚至让人觉得高勋和女里会谋杀萧思温呢？

这些矛盾，既有方针政策方面的，也有利益方面的。我们先说层次比较浅的利益方面的冲突。萧思温跟高勋、女里都是关键时刻能冒着生命危险干大事的人，应当说情商和智商都有，但这几个人的人品却都不怎么样。前面说过，萧思温这个人没有将帅之才而身居将帅之位，军事上无功有罪，政治上明哲保身。至于为官，史书上说他行事偏私，仗着自己的权势大搞裙带关系、权力寻租那一套，好处没少捞。高勋和女里也不是什么廉洁奉公的好干部，同样也想捞好处。史书上记载说，这俩人“席宠放恣”，当权之后“一时纳赂请谒，门若贾区”。就是利用权力收受贿赂，以致来走后门拉关系的人很多，把他们家弄得跟菜市场似的。其中女里尤为贪婪，捞取财货不择手段。当时辽朝流传着一个笑话：有一个人从野外回来，衣服上挂了几颗苍耳子，别人就跟他开玩笑说，你这个“宝贝”千万不能让女里知道，不然他一定会想办法弄走。可见女里的贪名远播。由此可以想象，朝中三大权臣都想利用权力捞好处，肯定有利益冲突。你多吃多占，我就要少吃少占，这就产生了矛盾。另外，在高勋和女里看来，萧思温位居他们之上，这本身就是不应该的。为什么呢？一方面，萧思温的能力不够，而高勋和女里则富有文韬武略；另一方面，高勋和女里觉得，他俩才是辽景宗这边的“老干部”，萧思温是后来入伙的“投机分子”。为什么这么说呢？萧思温是辽太宗的女婿，所以深得辽穆宗的倚重；他又把女儿嫁给了辽穆宗的弟弟耶律罨撒葛，所以他和辽穆宗一系关系非常密切。在辽穆宗后期的帝位角逐中，他本来支持的是耶律罨撒葛，和属于东丹系的耶律贤是站在对立面的。可是，耶律罨撒葛太沉不住气了，他在自己的哥哥辽穆宗还在位的时候，就急不可耐地网罗党羽图谋上位，居然还找了朝廷里负责观察天象的官员，让他算算看自己有没有当皇帝的命。这事传到辽穆宗耳朵里，自然是大为震怒，马上毫不留情地把自己这个弟弟发配到辽国的西北边境去戍边，从而使他在皇位角逐中失去了优势。后来辽穆宗死于刺杀，事出突然，耶律罨撒葛远在西北，眼睁睁看着耶律贤近水楼台先得月。萧思温是在这个关键的当口，才下决心支持耶律贤的。所以，在属于耶律贤旧人的高勋、女里看来，萧思温就是个见风使舵的投机分子，根本没资格在他们之上，因此心里一直愤愤不平。我们平心而论，搞政治派系的人其实都是在赌博、押宝，高勋和女里又何尝不是？只是他们一开始就押对了宝，但据此说他们比萧思温高尚，这是五十步笑百步。

除了利益冲突，萧思温与高勋、女里还存在政见方面的分歧。这主要是贯穿整个辽朝的汉臣派和契丹派的矛盾。从辽太祖耶律阿保机建国时起，他就多得汉人谋臣之力，取法中原壮大实力，因而开创基业；但契丹部族是他实力的基本盘，他不管做什么都要以契丹部族为基础，所以长久以来就形成了对两者都要加以任用的局面。我们可以想见，汉臣和契丹贵族的思维、行事方式不同，利益关注点也不一样，他们都想在朝廷里刷存在感获得优势，那肯定就会有矛盾。总体来说，汉臣派比较主张推行汉制，向往中原文明价值，和中原交往时也比较尊重双方。契丹派注重保留契丹民族文化，抵制汉族文明的影响，对中原就不是那么友好。作为汉人，高勋在朝中就很努力地维护汉臣，扩大汉臣在辽朝廷中的影响和利益。曾经有一个汉臣叫李澣，其兄弟在后周做官，有一次喊他回去，他就图谋南奔中原。在边境上被抓以后，辽穆宗想杀了他，高勋就反复为他恳求，说他是为了给老母尽孝，情有可原，而且此人文笔极好，留着他可以“增光国体”。后来，辽穆宗让他写《太宗功德碑》的碑文，见他写得很好，就放了他。高勋对于中原的北汉政权也很友好，曾经说服辽景宗放还被辽拘押的很多北汉重臣。女里虽然是契丹人，但从政治观点上看属于高勋这一派，他也和北汉保持着良好关系。北汉皇帝知道女里被辽景宗所信任，为了攀牢辽朝这棵大树，每当女里过生日的时候，就会送来厚礼。女里当然也投桃报李，在朝中维护北汉的利益。对于汉臣派的这些行径，契丹派肯定是非常不满的。所以双方时常发生龃龉。明面上的争论就不说了，暗地里使绊子的事也没少做。比如说有一次，高勋向辽景宗进言，认为幽州一带城郊有很多空地，闲着也是浪费，可以开垦一些水田种植水稻，增加国家收入。这是典型的中原思维，即重视农耕。辽景宗本来也觉得不错，但有个契丹官员马上上奏反对，还上纲上线地指出，高勋这样做有不可告人的目的。他想在幽州种水稻，就得开垄亩造水田，但沟渠交错的水田是非常不利于骑兵行进的，万一水田建好后，高勋想以幽州为基地谋反，那朝廷的军队想去镇压都没办法。辽景宗虽然不相信高勋会谋反，但也不由得心里打鼓，最后就取消了这个动议。这事只是两派官员在朝中斗法的一个小例子，类似事件时常上演，可谓"一年三百六十日，风刀霜剑严相逼"。契丹派这样进攻，汉臣派肯定也会重重回击。所以，说高勋他们会向萧思温下死手，派人刺杀他，这在逻辑上是有很大可信度的。

高勋和女里身为汉臣派，和代表着后族势力的萧思温本来就不属于同一阵营，他们三人只是在辅佐辽景宗继位的过程中暂时走到了一起。但是在事成之后，因为争夺权力，更因为根深蒂固的派系斗争，导致了三人早就貌合神离。那么，高勋和女里被牵出之后，作为皇帝的辽景宗又会如何处置他的这两位宠臣呢？

看到此处，有些读者可能认为辽景宗会马上杀了高勋、女里，为自己的老丈人报仇。从后来辽景宗的处置看，他确实很干脆利落地处死了这两个人。但是，这并不仅仅是为自己的老丈人报仇这么简单。事实上，辽景宗对于萧思温被杀这件事，心情是很复杂的。

通过梳理史实我们发现，萧思温是一个城府极深又非常善于掩饰的人，他的无能可能仅仅是他的伪装而已。要认清他的心机和他的"韬光养晦"之计，我们要从穆宗朝的政治形势来观察。

辽穆宗耶律璟，是辽代著名的昏暴之君。在位期间，嗜酒好杀，无所进取，国人称之为"睡王"。在他在位的十几年中，"谋反""谋叛""谋逆"事件屡屡发生。仅在他继位的前九个年头，史书中有记载的篡位图谋事件就达七次之多。可想而知，这当然与辽穆宗本人的行径有很大关系。既然他不是一个理想的统治者，那很多人就会产生觊觎之心。尤其是契丹长期实行世选制，那些契丹宗王都想利用传统赋予的权利，图谋大位。这七次叛乱，都是宗室诸王发动的。在这些叛乱的宗王当中，起码有两个人和萧思温有莫大的关联——耶律罨撒葛和耶律喜隐。萧思温正是他俩的老丈人。

老丈人就一定会鼓动女婿图谋皇位吗？当然不一定。但是对于萧思温，我们之所以这么认定，是因为我们可以看到他广下政治赌注的行为。比如，他对于自己女儿的利用。萧思温一共有三个女儿，大女儿，嫁给了耶律罨撒葛；二女儿，嫁给了耶律喜隐；小女儿，嫁给了耶律贤。也就是在辽太祖三个儿子的支系中，他分别嫁入了三个女儿。每个篮子里装一个鸡蛋，这样，不管是哪一系夺得皇位，他都可以当国丈而永享荣华富贵。这不仅仅是揣测，而是有事实依据的，因为他的三个女婿都在图谋皇位。大女婿耶律罨撒葛在应历三年（公元 953 年）谋乱，失败后被罚去西北边境戍边；二女婿耶律喜隐在应历十年（公元 960 年）谋乱，也失败被捕下狱。在两个女婿夺权失败后，萧思温又把希望寄托在小女儿萧燕燕身上，希望三女婿耶律贤能够夺取帝位。据史书记载，萧思温曾经观察三个女儿扫地，发现小女儿萧燕燕扫得很得法、很干净，就高兴地说“此女必能成家”。最后，耶律贤夺位成功，女儿当了皇后，他则变成了位极人臣的国丈，可以说这场政治赌博终于赌赢了。那在辽穆宗在位的十几年中，两个女婿相继谋朝篡位失败，为什么没有揪出萧思温呢？这个就得益于我们前面说的萧思温善于伪装了。他表现得那么糟糕，是真的无能，还是韬晦之计呢？有人认为是后者。他装得能力低下，遇事消极，明哲保身，大家都很不满他的德不配位，却没人怀疑他的野心，这就是萧思温成功的地方。

但是，一个人伪装得再巧妙，也不可能骗过所有人。在萧思温所没能骗过的人当中，就包括辽景宗。辽景宗在萧思温和自己进行政治交易的时候，肯定看穿了萧思温以女儿作为政治赌注的把戏，再联想到自己的连襟耶律罨撒葛和耶律喜隐，他对萧思温分散风险、多方下注的行径肯定是心如明镜。只不过，知道归知道，政治交易不能意气用事，他还是接受了萧思温的拥戴，也让他位极人臣。然而，在他登基以后，他的两位连襟还在，此时就变成了对他皇位的潜在威胁。如果再有什么风吹草动，那他这位心思活泛的国丈，难保不产生其他想法。另外，萧思温凭借着自己的权势贪赃枉法，估计也让想重振朝纲的辽景宗非常头疼，但萧思温又是自己的老丈人，也不好就将他法办。因此，萧思温被杀，倒是让辽景宗面前少了一道难题。

既然发现高勋、女里参与谋害萧思温，那么前面被认定为幕后主使、已经伏法的萧海里兄弟三人是被冤枉的吗？倒也不是。前面我们说过，没发现他们有和高勋、女里同谋的蛛丝马迹；他们是国舅少父房的人，和辽穆宗一系关系很近，高勋和女里作为辽景宗一系的人也不大可能找他们商量除掉萧思温的事。情况大概是：高勋、女里这边和萧海里他们基于各自利益，都想除掉萧思温，双方在没有共谋的情况下各自行动，结果萧海里他们抢了先。高勋、女里自然是乐见其成，省得自己动手了。可以说，萧海里三兄弟是火中取栗的角色。

高勋、女里被认定是刺杀萧思温的幕后主使，后族势力一定不会轻易放过这件事，案发过程的蹊跷，不排除是萧思温在朝中的势力为他复仇，现在两人已经案发，尽管证据经不起推敲，但如何处理这件事对辽景宗来说确实是个难题，这起疑点重重的案子反映出当时异常复杂的政治局面。

前面我们说过，萧思温被杀，其实是让辽景宗面前少了一道难题。虽然如此，作为一国之君，辽景宗还是要按照法度来处理这件事。另外，也需要对皇后有个交代。萧思温是皇后萧燕燕的父亲，皇后萧燕燕的背后就是后族势力，这在辽代是举足轻重的政治力量。总体上，后族萧氏和皇族耶律氏“势分力敌、相为唇齿”（《辽史·外戚表》），就是说后族的力量不比皇族小，皇帝执掌天下离不开后族的辅佐。这在辽景宗朝尤其如此。辽景宗因为身体一直不好，很多国家大事都是由皇后帮他处理。皇后萧燕燕才干超群，杀伐决断，很有章法，朝政处理得井井有条，辽景宗对她非常敬重，甚至有那么一点害怕。因此，辽景宗处理这事必须顾及皇后的诉求。萧燕燕当然不希望宽纵谋杀自己父亲的凶手。所以，辽景宗马上作出了处置：赐死女里。已经被除名流放的高勋则被捕下狱，很快被杀。此外，辽景宗宣布抄没高勋的家产，全部赐予萧思温的家属。这个案件虽然疑点重重，但辽景宗的处置，无论从哪个方面来说，都是合适的方案。辽景宗虽然讨厌、忌惮萧思温，但像高勋和女里那样谋杀朝廷重臣还是为国法所不容，必须处置他们以正法纪。考虑到后族的压力，舍弃高勋、女里二人给皇后一个交代，维持朝局平稳，也是较佳的选择。何况，高勋和女里长期以来已经是劣迹斑斑，除掉他们，辽景宗也不会觉得有多可惜了。

第三讲

朝堂之上的命案

一、权臣朝堂行凶

古代有两位大臣，在朝堂上议事的时候，因为意见不合发生争执，其中一人居然痛下杀手把另一人的脑袋打碎了，可谓骇人听闻！这就是在辽朝发生的一个案子。这个命案中的凶手，叫韩德让。对《杨家将》的故事有了解的读者可能还记得，和杨家将多次在战场上刀兵相见的辽军主帅，名字叫韩昌。《杨家将》的故事里面还说，辽朝的萧太后有三个女儿，其中大女儿嫁给了韩昌。这个韩昌的原型，就是这位韩德让，他曾被辽朝皇帝赐名为韩德昌。能被小说写为一国主帅的原型，地位自然是非常高了。事实上，这位韩德让在辽朝的地位，比小说中描写的还高。既然如此，堂堂朝廷大臣怎么会在朝堂议事的过程中使用暴力，还弄出了人命呢？让我们先回到案发现场。

这个案件发生在辽圣宗刚即位，由萧太后摄政时期。当时南边的宋朝，是宋太宗赵光义在位。统和初年（公元 983 年）的某一天，各位大臣都照常上朝议事。金銮殿的宝座上坐着的，是母子二人。一个是当时十二三岁的小皇帝辽圣宗耶律隆绪；另一个则是他的母亲承天皇太后萧燕燕，也就是历史上大名鼎鼎的萧太后。其实辽朝的皇后都出自后族萧氏，变成太后以后都是萧太后。但因为萧燕燕本身的出类拔萃以及《杨家将》等文艺作品的关系，大家提到的萧太后，特指承天皇太后萧燕燕。这时候的萧燕燕三十岁出头，因为儿子年龄太小还不能处置国事，必须由她摄政。所以朝堂议事的时候她肯定在场。当天其实也没什么重要的事情要商议，就是一些例行公事的问题，需要大家走个程序讨论一下。可谁承想，就在讨论这些不咸不淡的政事之时，居然引发了一桩血案。在讨论其中一个问题的时候，当朝的权臣韩德让，就是我们前面介绍过的主人公，因为一件事和当时的涿州刺史耶律虎古争了起来。到底因为何事引发的争执，今天已经不可考证了，因为这件事实在是太不重要了，以致各种史料都没留下只言片语的记载。但就是这么一件不重要的事，让韩德让和耶律虎古二人针尖对麦芒，毫不相让。韩德让当时担任南院枢密使，又是辽圣宗的父亲辽景宗指定的顾命大臣，刚被加封开府仪同三司，相当于宰相待遇，风头正盛，那可是炙手可热。耶律虎古只是涿州刺史、一州的行政长官，从级别上说和韩德让差好几个档次。按道理来说，如果真有不同意见，看到头号权臣坚持，那就保留意见，妥协算了。可是耶律虎古却不，他偏要和韩德让你一言我一语地争来争去。争着争着，两人的声音越来越大，在一旁的其他大臣都感到火药味太浓了，就对二人婉言劝解：都是当朝大臣，何必这样呢？吵来吵去有失体统啊。但是这两人都很轴，根本听不进去劝，还是争得面红耳赤。这时候，坐在御座上的萧太后也觉得有点太过分了，就准备发话，批评一下两个人。可说时迟那时快，正当萧太后要开口的时候，一件令所有人都没想到的事情发生了：恼怒的韩德让突然挪动身子，夺过朝堂护卫手中的戎杖，一下子就朝耶律虎古猛击过去。耶律虎古虽是武将出身，可事情实在太过突然，一时之间来不及躲闪，正好就被戎杖击中了脑门，顿时脑浆迸出、血流满地，当场毙命。

这个情景让所有人都呆住了。朝堂之上，居然有大臣胆敢当场行凶，打死自己的同僚！这是辽朝立国以来从未发生过的事情，在整个中国古代也属于骇人听闻。看着手里拿着带血的戎杖、气急败坏地站在原地的韩德让，最先反应过来的还是朝堂上的护卫们，他们是保证朝堂安全的第一责任人，现在居然有大臣被打死，要是行凶的家伙拿着凶器冲上帝后的御座可怎么办？于是纷纷冲上前来，团团围住韩德让，夺下了他手里的戎杖。可人家是南院枢密使、顾命大臣，护卫们也没敢把他拿下，而是围在原地等候太后处分。

其他大臣先是被突如其来的血案给吓蒙了，一个个呆若木鸡。等看到护卫们把韩德让围住了，他们也纷纷反应过来。很多官员露出了义形于色的愤怒：这韩德让真是胆大妄为，居然敢在朝堂上擅杀大臣！尤其是很多契丹族官员更是难以接受。因为耶律虎古是契丹皇族。虽说辽朝所谓的“皇族”并不代表是皇帝的近支血脉，可这耶律虎古确实是契丹宗亲贵胄，他的祖父耶律觌烈是契丹六院部的夷离堇。大家对《天龙八部》里乔峰担任的南院大王这个职位可能有印象，六院部夷离堇就是南院大王的前身。可想而知，地位是很高的。耶律虎古的血统尊贵也由此可见一斑。这么一个贵族居然被一个汉官行凶打死，在契丹族统治的辽朝政权中，实属罕见。更让有的契丹贵族不能容忍的是，虽然韩德让官当得很大，可他的祖辈当年是随着述律后陪嫁过来的奴隶，是所谓的“宫分人”，也就是皇家的私奴出身，大概和后来清朝满洲贵族的“包衣”差不多。就是这么一个私奴出身的汉人，居然打死了耶律氏的宗亲贵胄，那些契丹贵族心里的怒火，是可以想见的。不过，这些贵族们也是官场上的“老运动员”了，不至于冲动到夺过戎杖再把韩德让的脑袋击碎。他们一边面露愤怒之色，一边窃窃私语等着看萧太后的反应。那么，此时坐在宝座之上的萧太后，又是怎么处置这件事的呢？

在说萧太后的处置之前，我们也得了解一下这个非同寻常的案件到底有什么内情。作为同僚，意见不合是常有的事。见解不一致，大不了请皇帝裁决，哪里用得着拳打脚踢来坚持自己的政见？再说了，大家毕竟同朝为官，同僚一场，怎么能因为一言不合就痛下杀手，而且还是简单粗暴、有失体统地直接下手？这些都难以理解。所以这个事，肯定还有隐情。那到底是什么原因，让耶律虎古执拗地和头号权臣对着干，又是什么原因让韩德让对耶律虎古如此仇恨呢？

耶律虎古和韩德让的恩怨，其实和韩德让的父亲韩匡嗣有关。韩匡嗣当年就和耶律虎古结下了梁子。但是，两人其实没什么不共戴天之仇，也就是处理军政事务时见解不合。在萧太后的丈夫辽景宗在位的时候，有一次，派耶律虎古去出使宋朝。当时的辽宋两朝，虽然各怀心思、关系紧张，但还没有撕破脸皮大打出手，也就经常保持一些来往。耶律虎古是个有心人，他在出使宋朝的时候，留心观察了宋朝的动向，发现宋朝在整军习武、积极备战，回来就向辽景宗汇报说：宋朝极有可能会在近期攻打河东，灭了北汉。这个说法在当时的辽朝属于比较大胆的判断。因为宋朝自打建立后，就几次围攻北汉的都城太原，但都是有始无终，围攻一段时间后就撤退了，双方在边境的武力摩擦一直就没停止过。所以当时辽朝内部根本就没人看出宋朝有进攻北汉的动向。听耶律虎古说完后，当时以南京留守代理枢密使的韩匡嗣马上带着一副不相信的表情问：你是怎么知道的？凭什么这么认为？耶律虎古就分析说：你看南边那些称帝称王的割据政权，像后蜀、南汉、南唐、吴越等，都已经被宋朝逐个消灭了。目前就剩河东的北汉还在苟延残喘。现在宋朝讲武习战，其志不在小国，必定是为了消灭北汉。我敢肯定，宋朝近期就会对北汉大举用兵。韩匡嗣这次是明确表示不信了，他觉得宋朝实力很弱，讲武习战不过是日常训练装装样子，或许就是故意在辽使面前虚张声势耍耍威风，宋朝还不能拿北汉怎么样。耶律虎古一看当朝权臣不信，顿时就有点急了。他觉得如果不对宋朝的动向有所反应、早做准备，等到时候宋军真的去攻打北汉了，北汉肯定支持不住；如果辽军没有做好支援北汉的准备，就只好眼睁睁看着北汉灭亡了。北汉一灭亡，辽朝就失去了一个牵制中原的有力棋子，损失很大。听到耶律虎古的分析，辽景宗也有点动摇，他是很宠信韩匡嗣，但看到耶律虎古分析得很有道理，生怕万一到时候真的出事了，辽朝损失太大，于是就有点举棋不定。看到皇帝举棋不定，耶律虎古就更加恳切地劝他早做准备、采取行动。这下韩匡嗣也急眼了，他是汉人，又长期担任南京留守，自认为是中原事务专家，就一再跟皇帝保证宋军绝对不会攻击北汉，还指斥耶律虎古危言耸听。

双方越说越激动，估计讲话时就没那么客气了，可能说了一些很刺激对方的话。辽景宗也是左右为难，可主意还是得让他这个皇帝来拿啊。最后，辽景宗决定听韩匡嗣的意见，一动不如一静，再说韩匡嗣长期处理汉人事务，在朝中地位又远高于耶律虎古，也要给韩匡嗣面子。皇帝一锤定音，不承想听从韩匡嗣意见的结果，就是让辽朝蒙受了巨大损失。没过多久，宋太宗就率领大军北伐河东、攻打北汉。宋军由于准备充分，士气高昂，行动很迅速，一举灭掉了北汉。辽军由于未做好相应准备，根本来不及援救，刚派出小股部队和宋军接触，北宋的灭汉之战就已经结束了。辽朝只好眼睁睁地看着自己的“父子之国”北汉灭亡，从此失去了和宋朝的缓冲地带。可以想见，辽景宗绝对是又气又悔。他当着众人表扬耶律虎古，说他有见识、能料事，还不忘加上一句叹息：“吾与匡嗣虑不及此。”一方面是自责，另一方面就是打韩匡嗣的脸：你享受朝廷的高官厚禄，又担任主管军政的枢密使，对军政大事就这么点见识？我们自然可以想见韩匡嗣的心态，拍着胸脯保证不会发生的事最终还是发生了，让国家蒙受这么大的损失，当然是惭愧得无地自容了。惭愧过后，就恼羞成怒地恨上了这个让自己出乖露丑的耶律虎古，两人的梁子就这么结下了。

从这件事中，我们明显看得出韩匡嗣的军政才能和他的地位根本不匹配。这也难怪，他的特长本来就是医术而不是处理军政大事。从辽太祖耶律阿保机那时起，韩匡嗣一直就做辽朝皇帝的“保健医生”，长期与帝后亲近。他的医术是很高明的，尤其是为辽穆宗、辽景宗两位体弱多病的皇帝治病效果显著，因而深得宠信。他的问题在于自我定位不准，不甘心仅以技艺侍奉皇帝，热衷于朝政得失，结果经常料事不准，出现失误，后来还险些因为贻误军机被辽景宗杀头。耶律虎古这边呢，一方面出身契丹贵胄，不大看得起皇室私奴出身的韩氏；另一方面他确实颇具军政才能，对事情的见解超过主管军政的韩匡嗣。这次露脸之后，更加轻视这个德不配位的领导了。估计后面就更不买韩匡嗣的账了。但不买账归不买账，人家的官位毕竟在你之上，你还得听人家发号施令。可以想见，一个能干但不服领导的属下和一个气量没那么大的领导共事，两人的怨气只会越积越多。作为韩匡嗣的儿子，韩德让自然对这一切看在眼里，记在心上。所以等到他“一朝权在手”，当了枢密使和顾命大臣，就新账老账一块儿算，直接向耶律虎古下死手，这才出现了朝堂血案。

这件事情似乎会让人觉得，韩德让是个暴戾恣睢的人，凭借权势居然就敢在朝堂上击杀同僚，可谓是胆大妄为。其实并非如此，从韩德让的一贯表现来看，他是个很有分寸的人。史书上说他“重厚有智略，明治体”，而且“以谨饬闻”，也就是说他的谨慎和讲规矩是出了名的，辽景宗和萧太后也正是因为这一点才看重他的。那么，这样的人，怎么会因为父亲跟别人有过节就在朝堂之上挟私报复、擅杀大臣呢？

其实，韩德让打死耶律虎古这事，肯定有韩匡嗣与耶律虎古不和的原因。韩德让作为汉人，孝亲观念重，对于“父母之仇，不共戴天”的儒家教诲，他是牢记在心的，所以要打击父亲的仇人。但如果我们仅仅把这事看成是韩德让睚眦必报的结果，那未免有点简单化，也是看低了韩德让这个人。为什么这么说呢？韩德让不是一个气量狭小爱记仇的人，所以史书说他“明治体”。有一件事可以说明这一点：有一次，韩德让向萧太后推荐一个人，这个人叫耶律乌不吕，当时担任东路统军都监，韩德让说这人有才能，可以再升一级担任统军使。萧太后听了觉得有点奇怪，她知道耶律乌不吕和韩德让有过节，曾经冲撞过韩德让，她就问韩德让：你怎么想起推荐这个人呢？韩德让说：耶律乌不吕确实和我有过节，但这正是他的可贵之处。太后你看，我居于相位他尚且坚持主见、不肯屈从于我，对于其他官员贵族更是可想而知。我就是因为他的顶撞，才了解他的才华和志气，知道他可以委以重任。如果您能让他当统军使，必定能够镇抚各部。萧太后也是从善如流，不但听从韩德让的意见让耶律乌不吕担任统军使，还加给他金紫崇禄大夫和检校太尉的待遇。耶律乌不吕后来果然干得很好。从这件事可见，韩德让不是一个睚眦必报之人，而是能做到举贤不避仇，有宰执大臣的气度和风范。因此，将他打死耶律虎古这件事简单定性为为了报父辈之怨，层次还是有点太浅。

那么，这件血案深层次的原因到底是什么呢？萧太后会如何处置这件事，韩德让的最终命运又将如何呢？

二、萧太后铁腕“摆平”

要处理好这件事，萧太后应当是比较犯难的。为什么呢？韩德让擅杀大臣，而且是在朝堂上行凶，简直就是目无君上，狂悖至极！如果按照国家律法来处理，他肯定要受到严惩。韩德让是萧太后的宠臣，这样的结果肯定是她所不愿意看到的；可是如果不处理韩德让，那又怎么能安抚群情激愤的契丹贵族呢？这些人现在一个个瞪着血红的眼睛看着韩德让，恨不能把他碎尸万段，如果保全韩德让，很有可能引发更大的乱子。那么，萧太后会不会丢车保帅呢？或者，她会各打五十大板，调和一下双方的矛盾？

出乎人们意料，萧太后的处置是非常坚决果断的。她并没有依照国家律法来惩处韩德让，而是宣布这件事情就到此为止，大家各安其位，以后不要再抓住这件事做文章。如果有人再借此弹劾韩德让，那就等于是藐视帝后，必将严惩不贷！她还重申了“所在官吏军民不得无故聚众私语”的禁令，这条禁令本身是打击妄言宫廷事务和国家军政的行为，在此重申其实就是禁止臣民再私下议论这件事，违者“坐之”，也就是追究法律责任。萧太后的禁令，那可不单是嘴上说说而已的。契丹贵族都清楚，从辽景宗在位时起，她就代替体弱多病的丈夫处理政务，辽景宗去世后又以太后身份摄政，她的杀伐决断是很多男子也比不上的。如果真拿她的话不当回事，犯了她的忌讳，那肯定没有好果子吃。因此，很多契丹贵族纵使心里不满，也不敢再说什么，甚至连愤怒的表情也不敢表现出来了。

那么，为什么萧太后对这么一件大事要以铁腕手段来抹平呢？韩德让如此胆大妄为，在朝堂之上当场行凶擅杀大臣，其实也是藐视帝后权威，萧太后为什么又要如此回护他呢？

萧太后如此袒护韩德让的原因，有很多揣测。有人说是韩德让当时大权在握，连萧太后也奈何不了。这种说法言过其实。韩德让既是汉人，又出身私奴，他在契丹朝廷的权力完全依附于帝后的权力，绝不至于反客为主。有的人（主要是宋朝人）则给出了一个非常富有戏剧性的解释，就是说韩德让与萧太后有不正当男女关系，是情人，这堪称宫廷猛料！更有甚者，居然说萧太后在辽景宗死后，为了保全儿子辽圣宗，不惜委身下嫁韩德让，这简直是辽代版孝庄太后与多尔衮的故事！这些人还说得有鼻子有眼：萧太后为了和韩德让做夫妻，毒杀了韩德让的妻子李氏；后来宋朝使臣出使辽朝，还看到萧太后和韩德让所生的儿子。情节之曲折离奇，简直可以做宫廷剧的绝佳脚本了。但是深入分析后，就会觉得这些说法不太可靠。因为宋朝人所写的很多情节，根本就和确定无疑的事实对不上，让我们对其可信度不得不产生怀疑。我们推测，宋朝人之所以这样说，主要还是不太理解契丹风俗，看到萧太后作为女子，经常抛头露面和某一个男子直接接触，策划于密室，两人肯定有一腿，殊不知这在游牧民族中司空见惯。再加上宋朝人愿意相信被自己丑化和诋毁后的辽朝情况，这种说法在宋朝以讹传讹，流传越来越广，情节虽然精彩，可信度却不高。

说韩德让和萧太后有男女私情的流言，虽然查无实据，但也是事出有因，不是完全的无中生有。因为韩德让和萧太后曾经有过婚约。韩家本是蓟州玉田的汉人，后来在辽太祖南侵时被掳掠到契丹，就变成了皇家的私奴。这韩家有一门绝技，就是父子几代人都精通医术，为几代帝王和后妃、皇子们治病，效果很好，因此在契丹贵族内部就渐渐露脸了，地位也迅速上升。到了韩德让的父亲韩匡嗣这一代，变成了权势之家。于是，萧太后的父亲萧思温就把时年十七岁的女儿许婚给韩家的韩德让。但是后来因为皇家索婚于萧氏，棒打鸳鸯散，萧太后最终嫁给了耶律贤。不过有了许婚这层关系，我们可以想见，韩德让家和萧太后家的联系是很紧密的。在韩德让和萧太后婚事未成的情况下，韩德让的姊妹嫁给了萧太后的兄弟。宋朝人的编排虽然有言过其实之处，但萧韩两家关系比较紧密，确是事实。

不过，仅凭这个原因，还不足以让萧太后包庇韩德让的当朝行凶之举。大家知道，萧太后在历史上是杰出的女政治家、一代英主。英明之主怎么会因为裙带关系就包庇违法乱纪的亲戚呢？萧太后也确实不是这样的人。她回护韩德让，还因为韩德让对自己的丈夫辽景宗、自己的儿子辽圣宗还有她自己，都立下过极为重要的功勋。甚至可以说，没有韩德让，就没有萧太后和辽圣宗的今天。为什么这么说呢？辽景宗时，宋太宗赵光义挟灭北汉的余威大举北伐，想一举收复幽云十六州。韩德让担任南京留守，在辽朝准备不足的情况下沉着应战，打退宋军，为辽军在高梁河大败宋军起到了很重要的作用。这场仗最后打得宋太宗腿上中了两箭，坐着一辆驴车逃走。事后，韩德让因此功升任了南院枢密使。辽景宗去世后，他在拥立辽圣宗继位和帮萧太后稳定局面的过程中又起到了关键作用。辽景宗在出猎途中去世的时候，萧太后才三十岁，她的儿子梁王耶律隆绪才十一岁，当时的状况，用萧太后自己的话说，就是“母寡子弱，族属雄强，边防未靖”。想想看，正当壮年的皇帝死了，留下孤儿寡母，这是一个非常危险的状况，翻看中国历史，在这当口发生宫廷政变甚至改朝换代的例子并不少见。更何况，契丹作为游牧民族，那些亲王、贵族手里可都是掌握武装的，也就是萧太后所说的“族属雄强”，局面就更危险了。在这个关键时刻，萧太后正是依靠韩德让和另一位顾命大臣耶律斜轸稳定了局面，韩德让的作用尤为突出。那么，作为一个皇室私奴出身的汉族官员，韩德让是怎么帮助萧太后稳定了局面的呢？

从前面防守幽州的事就可以看出来，韩德让跟他的父亲韩匡嗣不一样，他是一个富有军政才能的人。他受辽景宗的嘱托，成为顾命大臣，当然能够看出当时的凶险局面，于是当机立断，采取了三项措施：第一，保证萧太后母子的人身安全。辽景宗病重之时，韩德让召集宿卫部队迅速赶赴皇帝、皇后和梁王所在的行帐，保证他们的绝对安全。然后，马上进行人事安排，在要害部门换上萧太后所信任的人。第二，对威胁皇位的贵族力量进行钳制。严令耶律氏皇族中的各亲王，马上回到自己的府邸，不能私下交往和宴饮，这是防止耶律氏诸王议论国事、私下串联。辽景宗因为是出猎途中去世的，身边带了一些宗王大臣过来，但也还有一些留在都城上京。于是萧太后下令，让在上京的诸王把他们的妻子儿女派过来，到皇帝的行帐。照这样的处置方式，我们可以推断，萧太后跟韩德让严令契丹诸王回归自己府邸的时候，应该也把他们的妻儿老小留下了。经过这样的处置，诸王的妻子儿女都在皇后身边，等于变成了人质，那他们也不敢轻举妄动了。紧接着，韩德让又随机应变地施展了一些手段，解除了诸王的兵权。这一下，“族属雄强”的问题算是解决了。第三，就是稳固萧太后母子的权力地位。辽景宗去世事出突然，虽说他的继承人是明确的，那就是他和萧太后所生的长子——当时封为梁王的耶律隆绪，但是并没有做好权力交接的准备。这个我们也能理解，一来是耶律隆绪太小，二来是皇帝还在位的时候，谁敢提出进行权力交接的建议呢？因此，辽景宗虽在病重之时嘱托顾命大臣韩德让和耶律斜轸立梁王耶律隆绪为帝，但这件事是没有公示的，耶律隆绪的继位登基还不是所有王公大臣的共识。韩德让辅佐萧太后以迅雷不及掩耳之势处置了诸王，掌控了军事力量后，马上召集所有蕃汉臣僚，宣布辽景宗遗诏，内容主要是两点：其一，拥戴耶律隆绪继位为帝；其二，“军国大事听皇后命”。这就让母子俩的权力有了合法来源。因为耶律隆绪继位，母亲就会成为皇太后，皇帝年幼，按照惯例由萧太后“称制”，也就是临朝摄政。这一系列举动，让局面算是初步稳定下来了。为了让萧太后的临朝摄政更加名正言顺，增加萧太后的权威，韩德让又策划了给太后“上尊号”

一事。所谓“上尊号”，其实就是一种大规模的舆论宣传，使朝廷内外广泛知晓太后的地位，便于她行使摄政权力。后来清朝的慈禧也干过这事。韩德让奉辽圣宗诏令，以东汉时期太后临朝的先例作为依据，拟定为萧太后上尊号的册礼。准备停当之后，辽圣宗率文武百官给萧太后上尊号为“承天皇太后”；与此同时，群臣也给辽圣宗上尊号为“天赐皇帝”。给帝后上尊号，可不单单是给他们一个称呼这么简单，这意味着群臣对帝后权威的认可，是为他们行使权力做准备。上尊号后的次月，萧太后就名正言顺地开始正式临朝听政了。毫无疑问，没有韩德让，这些事情是不可能这么顺遂就能完成的。韩德让对于辽圣宗继位和萧太后执政可谓立下了汗马功劳。按照当时法律中的“八议”制度，对有特殊情况的八种人在处刑时予以优待减免，其中一条是“有大功勋者”，韩德让绝对算得上是有大功勋的人了，所以萧太后对他进行优待也可以理解。

虽然法律中有优待功勋之臣的规定，但是什么身份的人犯哪些罪，享受什么样的优待减免，法律都是有明确尺度的。韩德让在朝堂之上擅杀大臣的行为，即使按律优待，略施薄惩是免不了的。萧太后竟然丝毫不加以责罚，还严令不许再提这件事，这绝对是突破了常规。

这件事的深层原因，其实和两个人当时正在推进的事业有很大关系。什么事业呢？萧太后和她的丈夫辽景宗，可以算是辽朝的中兴之主。他们结束了辽初皇位争夺的车轮战，使政治局面稳定下来之后，就开始思考让大辽国得以兴旺发达的发展道路。辽景宗和萧太后都意识到，吸收汉族文明、效法中原政权的一些先进做法是辽朝发展的必经之途，于是吸收汉制，对许多契丹传统制度进行了改革。在改革过程中，韩德让是一个主要的支持者和非常得力的执行者。因为他本就是汉人，熟悉中原事务和汉族典章制度，而且才能又很出众，所以在契丹推行汉法的改革方面也出力甚多。比如，不分蕃汉选官任贤，团结了契丹人和汉人中的有治国才略者；订立考核官员的标准，确立科举取士制度；清理辽世宗以来积压已久的刑狱案件，宽大处理，缓和了颇为激化的社会矛盾；召集饱受战乱之苦的流民垦殖土地，减免遭受战争和自然灾害的灾民所应承担的赋税差役；平抑市场物价，促进商贸；等等。这些举措收到了很大成效，提升了辽朝的实力，萧太后当然想持之以恒地推行下去。因此，她跟丈夫辽景宗一样，非常倚重韩德让，没了韩德让，这些改革就要大受影响。

但是，吸收汉制的改革，毫无疑问会触动有些契丹贵族的利益，动了他们的奶酪，就会遭到他们的强烈反对。如果辽景宗一家人的权位稳固，那情况就还好，在可以控制的范围之内，反对派掀不起多大风浪。可要是情况微妙，比如出现辽景宗去世后萧太后“母寡子弱”的情况，那反对派就会蠢蠢欲动，很有可能就想翻盘。萧太后何等聪明，她当然意识到了这个问题，一直在采取应对之策。所以在局面初步稳定后，她除了继续重用韩德让之外，又慰留辽景宗时担任南院枢密使兼北府宰相要职的汉臣室昉继续任事；汉臣邢抱朴被任用为参知政事，并派他去按察各级地方官员，视其施政情况决定黜陟升降。这其实有让邢抱朴按改革要求去清理官员队伍的用意。这些都体现出萧太后任用汉臣，对契丹贵族进行打压以利于稳固权威和推进改革的目的。在这一背景下，作为改革派的韩德让仅因言语相忤就打死耶律虎古，固然有一时冲动的因素在，但很有可能也是借此立威，杀杀契丹贵族的威势。再来看萧太后对于这件事的处理，她袒护韩德让的原因就非常明显了：我不是一直想打压契丹贵族，给他们一些厉害瞧瞧嘛！现在正好，主张改革的汉臣打死了一个契丹贵族，我把这事压下去，不但可以打击契丹贵族的气焰，也表明我对改革派汉臣的全力支持。所以，她让当朝行凶的韩德让“逍遥法外”，除了是倚重韩德让，也是借此机会表明自己对政事和人事的态度。

不仅如此，萧太后觉得仅此一次还不够。几年后又发生了一件事：萧太后巡视燕京时，观看韩德让等随行大臣打马球。契丹贵族胡里室将韩德让“横突”落马，萧太后见状大怒，当即将胡里室斩首。也许有人会觉得，打马球冲撞这是难免的事，萧太后当即将人处死，这么做也太过分了吧。但如果联系到这件事的背景，我们可以推断萧太后如此发怒没这么简单。所谓“横突”落马，可能不是简单的比赛冲撞，而是胡里室有意为之。萧太后由此感觉到契丹贵族对于韩德让仍旧心存不满，也就是对自己不太服帖，因此杀人立威。这件事，可以说是韩德让打死耶律虎古事件的一个后续反应。

那么，耶律虎古就白死了吗？我们揭开这件事的深层背景后发现，他可以算是一个复杂事件在爆发过程中的牺牲品。萧太后可能是顾及这一层，对耶律虎古的儿子一直信赖有加。耶律虎古的儿子叫耶律磨鲁古，父亲死的时候担任南面林牙，也就是翰林。但他不是单纯的文臣，而是个文武双修的人。后来萧太后南征宋朝，他担任先锋，还和萧太后的弟弟北府宰相萧继先一起巡逻边境，其后更是被提拔为北院大王，成为辽朝的重臣。可见，萧太后作为一国之主，用人的格局还是很大的，没有因为韩德让与其父的仇隙而打压耶律磨鲁古。史称她“明达治道，闻善必从”“能驾驭臣工，故多得其死力”，并不是过誉之词。

韩德让呢？因为杀死耶律虎古这件事被萧太后强力压下，所以没给他造成任何影响。此后他还是尽心尽力辅佐萧太后和辽圣宗，推进改革，也因此官运一直亨通。后来兼任北、南两院枢密使，把辽朝的蕃汉事务、军政大权集于一身；萧太后还给他设了一个辽代只有三个人担任过的官职——大丞相，而且明确规定位在众亲王之上。这个案件发生大概二十年后，辽朝和宋朝之间著名的“澶渊之盟”达成，一向主张对宋朝友好的韩德让（当时已被赐名为韩德昌）因为在此过程中协调有功，被赐国姓耶律。又过了五年，萧太后去世，他继续辅佐辽圣宗，保卫改革的成果，终其一生，都受到辽圣宗的特殊礼遇。

从这个案件的深层原因和后续事情看，萧太后借此打压契丹守旧贵族，推进改革事业无疑是有可取之处的；但耶律虎古无端被杀，也让人感叹历史大势中个体对命运的无力。

第四讲

母子情仇

一、母子情仇（上）

公元 1034 年，雄踞中国北方百余年的大辽王朝发生了一件震动朝野的大案：时年十九岁的辽兴宗耶律宗真，将自己的亲生母亲萧耨斤抓了起来，随后又把她发配到庆州去守陵（庆陵），实际上是加以囚禁。辽兴宗当时只是一个十几岁的少年，按理说刚经母亲抚育成人，应当和母亲的感情比较深厚才对，他为什么要囚禁自己的母亲呢？这件事情还有后续，就是辽兴宗将母亲发配到庆州五年后，又把她迎了回来。莫非辽兴宗良心发现了？让我们回到历史现场。

公元 1034 年，辽兴宗耶律宗真继位已有三年。虽说当了三年皇帝，可辽兴宗好像没干什么正事，经常游猎、喝酒、赌博，玩心很重。除了个性有点贪玩外，辽兴宗这样也是不得已。因为国家大事都被自己的母亲一手抓了，由她的几个兄弟负责执行。他这个皇帝除了打猎、嬉戏，还能干什么呢？不过有一次辽兴宗出猎，情况有点不同寻常。他暗地里安排了五百名精锐骑兵待命，接着命人把自己的舅舅、时任北院枢密使的萧孝先叫到自己的“行在”，也就是皇帝出行时的临时驻地，直截了当地告诉他：我打算从母后手中夺回权力，请舅舅你表个态。辽兴宗想重掌政权，为什么要先让萧孝先表态呢？

萧孝先是皇太后萧耨斤的死党，也是萧耨斤指令的主要执行者，他所担任的北院枢密使是辽朝最高的军政长官，手握重权。萧孝先被外甥突然将这么一军，一下子措手不及，一句话都说不出来。这时候，辽兴宗就恩威并施，继续开导，让他认清形势。最终萧孝先一看，好汉不吃眼前亏，就默许外甥行动。

这个默许对辽兴宗来说足够了，他只需要萧孝先两不相帮就行。

制服了萧孝先，辽兴宗马上带着五百精骑埋伏在萧耨斤行宫两里外的一座小山上。他没有鲁莽地冲进去，而是叫来了萧耨斤的两个亲信，一个是耶律喜孙，一个是宦官赵安仁，让他们去见太后，依计行事。

耶律喜孙和赵安仁虽说是萧耨斤的亲信，但已经投靠了辽兴宗，因为耶律喜孙曾经是辽兴宗幼时的师傅，二人渊源很深；赵安仁是汉人，估计他觉得效忠皇帝比效忠太后更合于正道，两人都已经决定听从辽兴宗之命了。辽兴宗面授机宜后，两人就去行宫见太后萧耨斤，谎称庆陵出事了，请太后速速前去处理。庆陵是萧耨斤的丈夫、辽兴宗之父辽圣宗的陵寝。这个时候，辽圣宗的原配正妻齐天皇后已经被萧耨斤杀害，丈夫的陵寝有事，照理说萧耨斤应该马上去处理，义不容辞。但是，萧耨斤毕竟是一个有点政治经验的人，她总觉得哪里不对，虽然情况是自己的亲信说的，她也要问个究竟。耶律喜孙和赵安仁一看要坏事，赶紧连推带搡地把萧耨斤弄到准备好的一辆车上，这辆车是用黄布幔围着的，外面的人不清楚车里是什么情况，并且这两人都是太后的亲信，谁也不敢阻拦，任由车子直冲宫外而去。辽兴宗看到车子出来，知道自己的母后已经被制服，马上带着五百精骑行动，很快就彻底控制了局势。随后，他下令把萧耨斤迁往庆陵，就是今天内蒙古赤峰市的巴林右旗，名为守陵，其实就是软禁了起来。

虽说事出突然，但从辽兴宗一连串周密的行动可以看出，他做这件事显然不是临时起意，而是经过了相当长时间的谋划布置。那么，是什么原因使他决心要幽禁自己的母亲，解除她手里的权力呢？

这个原因其实要归结到萧耨斤自己身上，她掌握朝廷大权已经有三年之久，几乎是为所欲为，当皇帝的儿子也只好隐忍着。可这一次，萧耨斤把儿子逼到了忍无可忍的地步：她和自己的兄弟商量，要废掉辽兴宗，改立自己的小儿子耶律重元为帝。这对辽兴宗来讲当然是生死攸关的事，一旦被废，别说什么权力、财富，身家性命都会被母亲和弟弟夺走！他当然不能坐以待毙。对辽兴宗来说幸运的是，母亲萧耨斤在做这件废立大事的谋划时机事不密，居然让十二岁的弟弟耶律重元知道了谋划的过程，虽说是母亲要废掉哥哥立自己当皇帝，他是受益者，可十二岁的小孩子哪知什么轻重，他或许根本不清楚当皇帝对自己意味着什么，可能觉得哥哥跟自己感情一直挺好的，为什么不让哥哥继续当皇帝呢？这个十二岁的单纯小皇子，就把母亲和舅舅商量的那些事情，童言无忌地告诉了哥哥辽兴宗。也难怪，成人的世界在小孩子看来总是太复杂。总之，萧耨斤让小儿子知道这件事，是一个大败笔，直接导致了谋废立行动的失败。

辽兴宗一听弟弟说母亲在谋划废掉自己，当然是晴天霹雳。虽说自己这个皇帝有名无实，可一旦被废，连命都可能保不住。于是，他赶紧筹谋，盘点了一下可能会支持自己的一些重臣，与他们取得了联系。好在萧耨斤还不知道废立之谋已经泄露，让他有了布置应对的时间，找到了忠于自己的重臣。

辽兴宗找到的支持者中，最为重要的是萧孝穆和萧朴二人，萧孝穆不是别人，正是萧耨斤的哥哥，也就是辽兴宗的亲舅舅。另外，他还是辽兴宗的岳父，他的女儿萧挞里在两年前嫁给了辽兴宗，并且已经生下了皇子耶律洪基（也就是后来的辽道宗）。所以，他和辽兴宗的关系极为特殊，有紧密的共同利益。萧孝穆虽然是萧耨斤的哥哥，但他主要是靠自己的能力出任要职的，萧耨斤把持朝政以前，他就已经因军功被封东平王、拜东京留守了。另外，萧孝穆人品端正、办事公道、识大体明事理，他对自己的妹妹揽政擅权不以为然，也不愿意从妹妹的胡作非为中分一杯羹。因此，他支持皇帝夺回权力。另一位重臣萧朴，也算是萧耨斤的远房兄弟，他在辽兴宗的父亲辽圣宗在位时，已经做到北院枢密使了。萧朴为人博学多智，他和萧耨斤的冲突更为明显。萧耨斤摄政后，想要加害于辽圣宗的原配正妻齐天皇后，在这个过程中，萧朴多次劝说萧耨斤放过齐天皇后，给她以应有的待遇。萧耨斤不但不听，反而派人杀害了齐天皇后。杀害的由头是齐天皇后的兄弟谋反，牵连到齐天皇后，因此要永绝后患。齐天皇后被害之后，萧朴还多次上书为她鸣冤，想让齐天皇后在身后有个公正的评价。萧耨斤可是对齐天皇后恨之入骨的，看到萧朴一而再，再而三地为齐天皇后说话，不由得恼羞成怒，就免去了萧朴的北院枢密使之职，外放到地方上去当官。所以，在萧耨斤和辽兴宗之间，萧朴是站在辽兴宗这一边的。

有了这两位在朝中有影响的大臣支持，辽兴宗就有底气对母后采取断然措施了。除此之外，他还结交了萧耨斤所信任的耶律喜孙和宦官赵安仁，又组织武装力量，布置停当后，就出现了我们在开头讲的那一幕。辽兴宗将萧耨斤迁至庆陵后，紧接着又处置了她的死党，这才算彻底稳定了自己的权位。

说到这里，我们大致清楚了，这是萧耨斤想废掉长子辽兴宗，立幼子耶律重元为帝所引发的一桩大案。那这就奇怪了，两个孩子都是她自己亲生的，为什么一定要废长立幼呢?

萧耨斤之所以打算废长立幼，并不只是一般性的出于偏爱小儿子的心理。她不喜欢自己的长子辽兴宗，是因为辽兴宗是由她深恨的齐天皇后抚养长大的。齐天皇后本名萧菩萨哥，取这个名字是因为辽代贵族崇佛的很多，所以类似的名字并不少见，比如，后来辽道宗的皇后叫萧观音，这都体现了当时贵族之家的风气。齐天皇后出自历史上大名鼎鼎的萧太后家族。萧太后是辽圣宗的母亲，在圣宗朝摄政达二十七年，可以说是辽圣宗的政治导师和人生导师。因为这层关系，加上齐天皇后本人长得漂亮又多才多艺，所以，很受辽圣宗的宠爱和敬重。而萧耨斤当年只是宫里的一名宫女，有的史料上说她长相奇丑，不知道辽圣宗这位英明“盛主”怎么就看上了她。当然我们在很多历史资料中发现类似的情况并不鲜见。帝王的审美观和他们的情感需求不能拿普通人的标准去衡量。按理说萧耨斤只是一名普通的宫女，她哪里有那么大的本事去和皇后争斗呢?皇后又哪里犯得上和一个长得奇丑的小宫女较量呢？

萧耨斤和齐天皇后有较量的资本，是因为她的儿子；她和齐天皇后结怨，也是因为她的儿子。齐天皇后和辽圣宗夫妻恩爱，曾经生下过两个儿子。可是她命途多舛，这两个儿子都夭折了。齐天皇后自然是非常伤心，这不仅仅是丧子之痛，那个时代的后宫，有子傍身就是维系自己地位的资本。因此，想必她的内心非常焦虑。萧耨斤和齐天皇后的运数刚好相反，她为辽圣宗生了两个儿子，两个儿子最后都长大成人了。史书上不是说萧耨斤长相奇丑吗？难道辽圣宗真的不想混同于一般群众，喜欢宠幸长相不好的宫女？关于这个，史书上记载了一个传说：萧耨斤伺候辽圣宗之母萧太后时，在太后宫里发现了一只金鸡，她一口把金鸡吞了下去，结果奇迹发生了，萧耨斤马上变成了一个美人。萧太后看到后也感到很惊奇，认为此女必生贵子，于是把她送到了儿子辽圣宗的宫里，果然就生下了皇子。这个传说在我们看来，当然是有点荒诞。辽圣宗宠幸萧耨斤，想必主要还是出于情感需要。史书记载的这件事是告诉我们，萧耨斤是一个有心计的人，以至于连萧太后这样老谋深算的人都按照她的设计在行事。

萧耨斤生下皇子之后，母以子贵，身价徒增，被册封为顺圣元妃，一下子就飞上枝头变凤凰了。既然当上了元妃，命运改变了，安安生生地和皇后相处不行吗？不行，萧耨斤和齐天皇后因为儿子的事马上发生了冲突。这可不是说萧耨斤仗着自己生儿子就不把齐天皇后放在眼里，而是她后来终生不忘的“夺子之恨”。这是怎么回事呢？

前面我们说过，齐天皇后生了两个儿子，前后都夭折了。她非常期望能有个儿子，可是一直未能再生育。所以，当萧耨斤生下长子，也就是后来的辽兴宗耶律宗真的时候，齐天皇后就把他抱了过去，养为己子。这在古代宫廷之中，其实并不少见。因为皇后作为皇帝的正妻，她是所有皇子的嫡母，也就是法律上认可的一种母子关系。齐天皇后把耶律宗真收养为己子，对耶律宗真的好处非常显著。因为耶律宗真出生的时候，已经排行第五了。生母又是地位卑微的宫女，在继承大统方面根本没有优势。可一旦被齐天皇后收养，地位马上就不一样了，就变成了嫡长子，是理所当然的储君，因此，辽圣宗在他三岁的时候便封他为梁王，六岁又册封为皇太子，成为继承大统的当然人选。萧耨斤作为生母，当然可以沾不少光，她本不该恨齐天皇后。不过我们设身处地地为萧耨斤想想，一个母亲刚生下长子就被其他人抱走收养，心中的不舍和痛苦是可以想象的。如果萧耨斤胸怀豁达一点，心里会想，是齐天皇后让儿子成为嫡长子，将来能继承君位，自己这个生母也是无上的光荣。可是萧耨斤是一个心思很偏狭的人，只会想起别人的不好，因此对“夺子之恨”耿耿于怀。还在辽圣宗在位的时候就上蹿下跳诬陷皇后。辽圣宗是个明白人，对萧耨斤的那些小动作往往一笑置之。这可以说是辽圣宗大度，可是这种大度，不追究萧耨斤的加害之举，也让他不愿意看到的事情最终变成了事实。萧耨斤对皇后的怨恨在一天天增长，等到辽圣宗病重之时，已经到了爆发的边缘。辽圣宗在病重的时候，可能预感到了什么，把太子耶律宗真、萧孝穆、萧孝先等人叫到病榻前安排后事，特意提到齐天皇后，叮嘱太子耶律宗真说，齐天皇后侍奉我几十年，因为她没有儿子抚养了你，我才立你为太子，我死了以后，你们母子千万不要杀她，应当以齐天皇后为皇太后，你的生母元妃萧耨斤为皇太妃。从后来发生的事情看，辽圣宗的安排是非常有预见性的。只可惜，在他病重将死之时，局势也由不得他了。

此时的萧耨斤，是即将即位的新皇帝生母，兄弟萧孝穆、萧孝先等又掌握朝廷大权，气焰顿时嚣张起来，连在弥留之际的辽圣宗都不放在眼里。辽圣宗临终之时，萧耨斤当着他的面就开始骂齐天皇后说：老东西，你的宠爱也会有到头的一天。辽圣宗听到这些污言秽语，又气又急，很快就驾崩了。萧耨斤马上命人把齐天皇后推出辽圣宗的行帐，看管起来。

这还不够，萧耨斤自立为法天皇太后，控制了朝政。她一心想置齐天皇后于死地，于是指使护卫冯家奴、耶律喜孙等人诬告北府宰相萧浞卜和驸马都尉萧匹敌等人谋反。这一动作的目的很明显，是清除齐天皇后一派的势力，并力图牵连齐天皇后。萧浞卜是齐天皇后的弟弟，时任北府宰相，是辽朝军政官员中的第三把手；萧匹敌的父亲萧恒德，娶了承天皇太后萧燕燕的女儿，前面我们说过，齐天皇后出自承天皇太后萧燕燕家族，因此萧匹敌被视为齐天皇后一派，他也确实深得齐天皇后喜爱。因此，萧耨斤一心想除掉他们，剪除齐天皇后的羽翼。在处理萧浞卜和萧匹敌等人的过程中，萧耨斤还一心想把齐天皇后牵连进这件案子里去，怀疑齐天皇后跟这件事有关。明眼人一看就觉得很荒谬，冯家奴等人控告萧浞卜和萧匹敌的罪状是他们谋划让齐天皇后摄政，另外议立新君。如果齐天皇后真的参与此事，怎么会允许这样谋划呢？辽兴宗是她养大的儿子，虽说不是亲生的，可他是辽圣宗所有儿子当中跟自己感情最深厚的，不立感情最深厚的儿子却另立别人，这不太符合人情，也不太合于理性。再说了，这个儿子被自己抚养成人后才被立为太子，从政治算计的角度讲投资已经非常大了，在他继位已成定局的情况下又图谋换别人，这不就血本无归了吗？

正因为此，辽兴宗听到自己的生母在审查自己的养母时，心里很是不平。他根本不相信齐天皇后会图谋废掉自己，于是就去找生母萧耨斤理论说，齐天皇后侍奉先帝数十年，我小时候就经她抚育，现在长大成人当了皇帝，不奉她为太后就罢了，反而要加罪于她，怎么能这样做呢？

萧耨斤本来就深恨齐天皇后，现在看到自己的儿子胳膊肘往外拐，帮着养母说话，更加怒火中烧，坚持说此人不除，恐有后患。辽兴宗为养母据理力争说，齐天皇后已经年老，又没有儿子，能做什么呢？辽兴宗这么帮着养母说话，更加坚定了萧耨斤除掉齐天皇后的决心：看来儿子不光是人被夺了，心也被夺了，他不但不恨齐天皇后让他们母子分离，反而对她心存感激！那只要这个老太婆在，儿子的心就会向着她。于是有一次，萧耨斤趁辽兴宗出猎，派人强行将齐天皇后迁到上京，看管起来。几个月以后，萧耨斤又派人到上京，要置齐天皇后于死地。面对萧耨斤派来的使者，齐天皇后很无助，对来使说：我实在无罪，这个天下人共知。你先出去，等我沐浴后再死，可以吗？使者只好退出等候。等使者再次进入宫帐时，齐天皇后已经自杀了，时年五十岁。

从萧耨斤加害齐天皇后的整个过程可以看到，辽兴宗对养母确实有感情，为她受到的不公正待遇不平。但是，也仅仅是不平而已，他并没有全力去争，在齐天皇后被看管期间，也没有采取措施去改善她的生活处境。从这些可以看出，辽兴宗是一个性格比较柔弱甚至可以说是懦弱的人，也反映出辽兴宗对生母萧耨斤的所作所为根本毫无反抗之力。可以说萧耨斤已经在朝廷里一手遮天、独断专行了。既然如此，她为什么后来又动了废掉辽兴宗的念头，想立自己的少子耶律重元呢？辽兴宗发配母亲守陵五年后，又为什么要把她迎回来呢？

二、母子情仇（下）

废掉自己的长子而立幼子，这在萧耨斤看来，可不是简单地把权力从左手交到右手的问题。长子辽兴宗虽生性懦弱，可并不愚蠢。他即位的时候已经十六岁，有了一定主见。虽然说他不敢正面反抗强横的生母，可也不甘心还被当作小孩子一样摆弄。从他后来夺回权力的过程看，他是一个有章法的聪明人。可是萧耨斤凭借辽兴宗是自己的亲生儿子，妄想操控一切，连辽兴宗的个人生活也要干预。虽然我们经常说孩子在父母面前永远是个孩子，可对于当了皇帝的孩子恐怕不完全适用，因为这涉及国家权力。萧耨斤老想代儿子主张一切，可长大的辽兴宗很清楚自己的皇帝角色，于是母子俩就产生了严重的冲突，这里举一件小事为例。

有一次，辽兴宗看手下的一名乐工表现比较好，就赐给他一条银带。结果被母亲萧耨斤知道了，不知是什么原因让她不舒服，下令把接受赏赐的乐工打了一顿。我们可以体会辽兴宗对此事的感受：我刚赏赐给别人一样东西，你就去把人家打一顿，这和打我的脸有什么分别？好像我赏赐东西就会给别人带来霉运一样，那以后别人会怎么看我这个皇帝的“恩赐”？

因此，辽兴宗对此很是愤怒。愤怒过后一思量，觉得这事不对：母亲怎么这么快就知道自己的一举一动呢？一定是在自己身边安插了眼线。这样一想，辽兴宗就更加愤怒了。自己这个皇帝，当成了傀儡也就罢了，现在居然被监视了！于是他排查了一下自己身边的近侍，最后，觉得某个近侍嫌疑最大，就命人把那个人杀了。

这下，轮到萧耨斤暴怒了，或许辽兴宗所杀的确实是她的眼线，或许她只是愤怒于辽兴宗对她的反抗明目张胆，于是下令，把执行辽兴宗命令、杀死那名近侍的人逮捕审讯。那个人是奉辽兴宗之命行事，在审讯中当然就理直气壮地表示自己是奉皇命处死近侍的。这时，萧耨斤就做了一件非常过分的事，她居然让辽兴宗与被审讯的人当堂对质！这可真是太出格了。要知道，古代法律案件中涉及一定级别的官员都不能让人家直接出庭对质，要经过特别的程序或让人家找个代理人出庭来代替，就是为了维护官员的体面。官员尚且如此，又怎么能让皇帝和别人当堂对质呢？这不但是完全不顾及辽兴宗的个人颜面，也是乱了体制、体统。从萧耨斤的所作所为可以看出，她不但没真正把辽兴宗当皇帝看，也根本不顾儿子作为一个人的脸面，不去理解儿子的情感需求。因此，接到对质通知后，辽兴宗愤怒到了极点，但他又不敢像母亲那样肆无忌惮地发作，就闷闷不乐地对左右说：我贵为天子，竟要像囚犯一样去回答讯问！

母子俩的矛盾就这样逐渐积累加深。慢慢地，萧耨斤看出来了，自己的这个儿子不甘心像傀儡一样任由自己操弄。一来，他是由自己的仇人齐天皇后一手养大的，对养母感情深，并在加害齐天皇后的过程中多次阻挠。萧耨斤觉得，这简直就是别人家的孩子，亲生母子之情被厌恶取代了。二来，这个儿子的年龄相对比较大，十六七岁的孩子已经有了主见，不会对自己唯唯诺诺、俯首帖耳。这样很不利于自己独揽大权、随心所欲地发号施令。于是，她就和自己的兄弟们商议，想废掉辽兴宗，立自己所生的小儿子耶律重元为帝。耶律重元是由萧耨斤一手带大的，他和萧耨斤很亲。另外，耶律重元当时只有十二岁，十二岁的孩子还是懵懂顽童，离心智成熟还要好几年，萧耨斤可以放心大胆地独揽权力。所以，她想废长立幼，归根结底还是考虑到便于她自己揽权。只可惜，萧耨斤百密一疏，在密谋的时候让耶律重元知道了这事。或许她觉得耶律重元是受益者，让他知道了也没什么，有个心理准备也好。可她忘记了，十二岁的孩子怎么能保守秘密呢？后来，耶律重元把母亲的密谋告诉了辽兴宗。辽兴宗马上积极布置，先发制人。

辽兴宗以果断措施处置了萧耨斤的死党，并且把萧耨斤发配到庆州去守陵，其实就是软禁。庆州的皇陵是萧耨斤的丈夫辽圣宗陵寝的所在地，让母亲去为父亲守陵，虽然其实是一种惩罚，但在面子上是过得去的，不算是什么撕破脸皮的处置方式。从这件事我们可以看得出来，辽兴宗在处置母后的过程中，还是绕不开母子之情。虽说萧耨斤没有亲自养育辽兴宗，可毕竟是生母，辽兴宗是她身上掉下来的肉，打断骨头连着筋，总不可能像对待一般政敌那样残酷。再说了，从辽兴宗一生的作为来看，他是一个比较好面子、爱惜名声的皇帝，肯定不想让别人说他有弑母之类的恶行，于是就采取了这样一个留有余地的处理方式。这个处理方式让我们想起辽代初年的一个类似事件：辽太宗耶律德光死后，他的侄子耶律阮被推为皇帝。当时耶律德光的母亲述律后大怒，她本来想在耶律德光死后立自己的小儿子耶律李胡为帝，于是就和自己的孙子兵戎相见。结果没打过孙子，被迫承认孙子当皇帝的事实。但是后来，她又图谋废掉孙子立小儿子，被孙子耶律阮知道了，毫不客气地把她迁到辽太祖耶律阿保机的陵寝所在地去守陵。最终，述律后老死他乡。看来辽代有一个具有规律性的惩罚措施：处理那些图谋废立的先帝后妃，因为有血缘关系不好或不忍心杀掉，留在都城又怕她们兴风作浪，就发配她们去守丈夫的陵寝。一方面处置了政敌，另一方面保全了皇家的体面，算是一个比较巧妙的处理办法。

处置了母亲和她的死党后，辽兴宗就给支持他的人加官晋爵，稳固自己的班底和权力基础。萧孝穆是支持他的，被加封王爵。他的女儿萧挞里在辽兴宗即位之初已经进宫当了妃子，这时已经生了儿子耶律洪基，于是被立为皇后，成为后宫之主。耶律重元虽说是被萧耨斤指定为取代辽兴宗的人，但这时候还小，并没有图谋大位之心，这次又报信有功，让辽兴宗及时得知消息先发制人，也受到了封赏。

这里，还有一个人值得说一说，就是已经被害死的齐天皇后。萧耨斤专权时期，不遗余力地打击齐天皇后家族的势力，加害于齐天皇后本人，最后使她被迫自杀，又仅以庶人的规格下葬，可谓是凄苦无比。辽兴宗虽然在齐天皇后被迁往上京看管之时为她争辩，但慑于母亲萧耨斤及其党羽的权势，也不敢力争，最后还是听任生母害死养母。挫败了生母的废立图谋，亲自掌握权力之后，辽兴宗有一次出猎，在祖州白马山脚下偶然看到了齐天皇后的坟墓。一代皇后被以庶民之礼下葬，坟墓自然也比较寒酸，估计平常也无人维护。辽兴宗看到掩埋在青草中的坟墓，想起齐天皇后抚养自己的恩情，又想到她的凄惨下场，不由得悲从中来，在坟旁哭着说：如果我早点像今天一样执掌大权，您怎么会沦落到这般田地啊！于是命人将齐天皇后重新安葬于祖陵，这算是对养母迟来的补偿。

表面上看起来，亲政掌握朝廷大权的辽兴宗好像取得了胜利，但实际上，事情并没有这么简单地结束。这件事情的后续发展证明，辽兴宗只是挫败了一次针对自己的政变图谋，并没有确立保证皇帝权力的制度。所以此后，他还是面临着这个问题的困扰，让皇帝的权力不断受到挑战。而且，这件事情充满不良影响的后续发展，正是辽兴宗本人的行为造成的。这又是怎么回事呢?

第一个不良的后续事件，是辽兴宗在把生母萧耨斤迁居庆州五年后，又把她迎了回来。前面我们说过，把在政治上和自己对立的先帝后妃发去为先帝守陵，本身就是一个留有余地的处理方式，没有撕破皇家的脸面。所谓“人情留一线，日后好相见”。辽兴宗之所以决定要迎回母亲，一是亲情方面的原因。毕竟是自己的亲生母亲，还是有母子感情的，让她去守陵五年，不管犯过什么罪也可以赎清了。再说，母亲现在也不可能再对自己的权力造成什么威胁了，把母亲一直放在流放地也落人话柄，这对于顾惜名声的辽兴宗来说很不利。二是从当时的朝局来看，萧耨斤的几个兄弟在朝中还是拥有很大的权势，辽兴宗必须顾及舅舅们的情感。当时，萧孝穆任北院枢密使，是大辽国的最高军政长官；萧孝先任南京留守，萧孝忠任东京留守，分别执掌了朝廷权力。虽说他们不见得支持萧耨斤的政治图谋，但姐姐对他们家族的发展曾起到了关键作用，让姐姐待在流放地，心里很不是滋味。考虑及此，辽兴宗也要做出姿态来。与母亲和好，就是认可舅舅们的权势。于是，辽兴宗就将母亲萧耨斤迎回都城。

萧耨斤回到都城之后，因为离开权力中心五年，自然是早就不复当年的煊赫威势。但萧耨斤是个闲不住的人，还是一心想干预朝政。另外，她还是个很执着的人，心心念念地想让自己的小儿子耶律重元能当上皇帝。当然，这个时候再次图谋废立肯定不现实，所以她采取了另一种方式：软磨硬泡，让辽兴宗立弟弟耶律重元为皇位继承人，采用兄终弟及的继位方式。史书上记载了这样一件事：有一年，宋朝派遣使者出使辽朝，在接见宋使的时候，萧耨斤就问宋使说，你们宋朝的太祖和太宗，两个人是什么样的亲属关系？宋使回答说，是兄弟关系。萧耨斤听了马上赞叹说，好啊，这很符合兄弟之义。萧耨斤这是明知故问，大家都知道宋太祖赵匡胤和宋太宗赵光义是兄弟，他们选择了兄终弟及的皇位传承方式。不过可能和萧耨斤所说不一样的是，宋太祖和宋太宗的兄终弟及里面也有“烛影斧声”的血腥过程，而不是纯然出于兄弟之义。但萧耨斤本来就是要借题发挥，所以就选择性无视了某些细节。辽兴宗一听母亲的发问，就知道她的言外之意，于是也接着问：那宋太宗和下一任皇帝宋真宗又是什么样的亲属关系呢？宋使回答说，是父子关系。辽兴宗赞叹说，好啊，这符合礼的要求。辽兴宗所谓的“礼”可不是我们今天讲的礼仪、礼节这些细枝末节，而是在古代中国具有“天之经、地之义”这样根本大法地位的礼治。这番话当然是针对母亲的暗示：你不是觉得宋太宗继承兄长宋太祖的皇位很符合兄弟之义吗，可为什么宋太宗就没有将皇位传给兄弟而是传给自己的儿子呢？

从这一席谈话，我们可以看出萧耨斤想让小儿子继位的迫切心情，她倾向于兄终弟及。但是辽兴宗则很想父死子继，想传位给自己的儿子。这两种打算在辽代历史上都不乏先例。立弟弟为继承人的例子有辽太宗耶律德光立幼弟耶律李胡为皇太弟、辽圣宗耶律隆绪立弟弟耶律隆庆为皇太弟，不过，两个皇太弟最后都没能真正继位。父死子继的例子就更多了，辽太祖和辽太宗父子，辽景宗、辽圣宗、辽兴宗三代，都是传位于子。但是萧耨斤和辽兴宗两个人都通过宋使说出了自己想说的话，一方面是寻找依据，另一方面估计是想找外援，让友邦认可自己的选择。所以谈话结束后，辽兴宗趁四下无人的时候悄悄对宋使说，我的弟弟为人贪婪，如果他将来继位，肯定会兴兵拓土，你们宋朝估计就不能安枕了。可见，母亲想让弟弟继位这事给了辽兴宗很大压力，让他要在宋朝人面前寻求理解。这个就是辽兴宗迎回母亲所导致的麻烦，直到辽兴宗驾崩，都没有解决。

第二个不良的后续事件，是辽兴宗没有处理好和弟弟耶律重元的关系。在萧耨斤图谋废掉兴宗立耶律重元的时候，他还是个孩子，还不懂皇帝宝座对自己意味着什么，所以走漏了风声，辽兴宗也因此心存感激，对这个弟弟很看重。可不管是感激还是看重，都必须谨守君臣的界限。耶律重元一直得到母亲的力挺支持，给在位的辽兴宗带来了一些压力，也给他传位于子的设想带来了麻烦。可是辽兴宗一直没有采取有效措施来约束这个弟弟。当然，这体现了辽兴宗确实为人比较仁慈，换了其他君主，可能早就把耶律重元杀掉以绝后患了，更别提像辽兴宗这样厚待耶律重元。可是厚待归厚待，你得让他谨守臣子的本分，不能骄纵得让他野心膨胀。辽兴宗在娇惯弟弟这方面，做得实在不好。一方面他竭力反抗母亲传位给耶律重元的设想，另一方面却助长耶律重元的野心。他不但让耶律重元担任南院枢密使事、南京留守、知元帅府事等军政要职，还封他为皇太弟。给耶律重元加官晋爵可能是为了敷衍母亲压力的不得已之举，但辽兴宗的很多行为助长了耶律重元的非分之想。辽兴宗有一次和耶律重元一起喝酒，兄弟俩可能喝得非常高兴，辽兴宗随口就说，等我千秋万岁后，皇位就是你的了，耶律重元听了大喜。这能不让耶律重元觊觎皇位吗？如果说这次辽兴宗是酒后失言，那和耶律重元经常赌博可就是大问题了。大家也许会觉得，兄弟俩赌博取乐，有什么大不了的呢？要知道，辽兴宗和耶律重元赌博，可是拿实实在在的土地、人口作为赌注的！土地和人口，是传统时代一个国家立国的根本，也是皇帝的本钱，把这些东西都拿出来和弟弟赌，可见辽兴宗在这件事上有多糊涂，那是名副其实拿国家当儿戏了。有一次，兄弟俩又在一起赌，玩的是双陆，辽兴宗手气不好，接连输掉了好几座城邑给耶律重元。这时，在旁边观战的一个伶官再也看不下去了，觉得辽兴宗这么输下去不是办法，可是人家兄弟俩玩，你一个伶官上去干预肯定不好，于是他拿出自己演戏的绝活，指着双陆说："双陆休痴，和你都输去也！"意思就是说，双陆啊，你别再犯傻了，最后你连自己都要输掉了。辽兴宗一听，顿时醒悟了，马上就停止了赌博游戏。可是，输掉的城邑肯定不可能再要回来了。你看，口头许诺传位给弟弟，又把许多城邑和人口交到他手里，这不是引诱他产生非分之想吗？所以我们说，辽兴宗虽然挫败了母亲让自己下台、传位给弟弟的阴谋，可他自己的所作所为却好像在促成这件事一样。

辽兴宗这么做的结果，就是弄得自己里外不是人。一方面拒绝传位给弟弟，让母亲不满意、不高兴。辽兴宗死在萧耨斤的前面，当时他的皇后萧挞里非常伤心，萧耨斤白发人送黑发人，一点也不伤心，反而对儿媳妇萧挞里说：你还年轻着呢，伤心什么！可见母子之间的隔阂不可能消除。另一方面骄纵弟弟，不让他谨守人臣的本分，使他野心膨胀。辽兴宗传位给儿子辽道宗后，耶律重元就和其子耶律涅鲁古发动了叛乱，险些使辽道宗丧命。

这个案子给人以很多启示。最主要的，还是法治和人治的关系。从辽兴宗的所作所为来看，由于没有对重大迫切的现实问题立制度，没有遵守已有制度，结果导致自己做出了损害自身利益的事。

第五讲

善画免死

善画免死

有一起发生在辽代的人命案件，这个案件中被害的是一名婢女，而杀死她的是辽朝的一位贵族，这位贵族在杀人以后原本被依法判处了死刑，但是却因为善于画画被免除了死罪。这是怎么回事呢？

这个案件发生在辽代的兴宗皇帝在位期间，也就是北宋的宋仁宗时期。在重熙年间，时任同知点检司事的皇族耶律褭履，杀害了秦晋国长公主的一位婢女，这样一位官员和长公主的婢女之间有什么样的恩怨非得杀之而后快呢？秦晋国的长公主是辽兴宗耶律宗真一母所生的同胞姐姐。所以凭借长公主的地位，若她的婢女被人杀害，杀人者肯定是不能轻易脱罪的。那为什么耶律褭履还如此大胆，敢杀害秦晋国长公主的婢女呢？

耶律褭履是为了自己的终身大事才胆大包天的，他杀害长公主的婢女是因为婚事而引起的。虽然从表面上看，耶律褭履和长公主的婢女没有什么联系，但事实上，他杀害这位婢女却是由秦晋国长公主的儿媳教唆的。

事情的经过还得从一门婚事说起，在重熙十三年（公元 1044 年）的时候，辽和西夏之间发生了战争，辽兴宗御驾亲征去攻打西夏，结果却被西夏人打得大败，连当朝驸马、秦晋国长公主的丈夫萧胡睹也被西夏俘虏了。当时耶律褭履的官职是“同知点检司事”，这是一个不大不小的官。在战后议和的时候，他被派作使者出使西夏，请求西夏将驸马萧胡睹释放回来。西夏打了胜仗，自然不可能那么听话，所以当耶律褭履奉命去要人的时候，来回跑了三趟，付出了极大的外交努力，最终才将萧胡睹从西夏人手中解救出来。在这个过程当中，秦晋国长公主看上了仪表堂堂的耶律裹履。据记载，耶律裹履的外貌是很俊朗的，史书上用了“风神爽秀”这四个字来形容他。长公主一看耶律裹履长得仪表堂堂，而且他通过艰苦的外交努力把自己的丈夫萧胡睹从西夏人的手里解救了回来，所以出于对耶律裹履的欣赏，连带了一些感激之情，就想将自己的孙女许配给耶律裹履。当今皇帝的姐姐要把她的孙女许嫁于自己，耶律裹履当然是十分高兴的，但是这个过程却并没有他想象的那么顺利，就在双方订立婚约的过程中，长公主那位孙女的母亲，也就是长公主的儿媳向耶律裹履提出了一个苛刻的条件，什么条件呢？杀人。长公主的儿媳和长公主的一个婢女有矛盾，估计是这位婢女服侍长公主时间比较久，比较合长公主的心意，那么在主人的儿媳面前可能就借了主人的威势，对主人的儿媳可能就没那么客气，因此双方产生了很深的积怨。长公主的儿媳对耶律裹履说，你如果能帮我除掉这个婢女，我就将女儿许配给你，否则，即使我的婆婆长公主同意，女儿毕竟是我的，若我拼死反对，那么长公主也不能强求。那么，耶律裹履对此作何反应呢？耶律裹履不是一个淡泊名利之人，他比较珍惜这个攀龙附凤的机会，因此，就横下心来把这个婢女给设法杀害了。具体的杀人过程，史书上并没有详细记载，只说是“以计杀之”。除掉了婢女以后，耶律裹履就顺利地和长公主的孙女成了婚，因此成为皇亲国戚，耶律裹履自此觉得自己的前途一片光明。

但是，做了如此伤天害理的事，不是不报，时候未到，世上没有不透风的墙，正当耶律裹履自以为得计、志得意满之时，这个事情被人告发了。耶律裹履被人告发以后，朝廷有关部门就按照法律程序来处理这个案件。那么，他会受到怎样的惩罚呢？

我们通过很多反映古代生活的文艺作品可能会形成一个印象，就是婢女的地位非常卑贱，婢女的性命也不值一提。一些影视作品当中都有反映，比如说有些主人害死自己的婢女如同踩死一只蚂蚁一样简单。这是现在的人们对古代主奴之间关系的一种认识，这种认识不能说是没有事实根据的。确实，在中国古代，婢女属于贱民的组成部分，她们和主人间的法律地位，确实是非常不平等的。比如根据唐律规定，对婢女侵犯主人的行为一般处刑都很重；婢女如果骂主人，就要处以仅次于死刑的流刑，其他更严重的侵犯更是难逃一死。这个问题在辽代早期尤其是这样，有些事例可以参考。例如，辽太祖耶律阿保机的长子耶律倍，可以说是深受汉儒文化浸染，诗书画三绝、六艺俱佳的贵族，但他对于家中的婢女也是非常不客气的，即使婢女所犯的是一点小错，也会用刀去割她们，或者用火来烧灼，甚至是挖掉她们的眼睛。那么我们就可以想见，在辽代初年的时候，主人杀死婢女应该可以说是风险非常小的事情，而耶律褭履是长公主的孙女婿，他杀死了自己奶奶的婢女，是不是就可以逍遥法外呢?

并非如此。朝廷司法机关作出的判决，可能出乎大多数人的意料。司法机关审理完毕之后，把耶律褭履判了死罪，这个结果让大家可能有些难以理解。耶律褭履是长公主的孙女婿，又是官僚贵族，因杀了一个婢女居然要被处以死刑？要理解这个问题，我们必须抛开因为文艺作品而形成的一些印象，结合当时的法律规定来看。辽代的法典我们今天看不到，但不少刑法规范散见于其他史料中；另外，辽代的法律除了本民族的一些传统习惯法以外，主要是沿袭继承了唐朝法律。结合这些，我们可以分析一下对耶律褭履的判决。

虽说婢女的地位很低下，但她们也受到法律一定的保护。主人不能无故擅杀，否则还是要承担法律责任的。即使婢女犯罪，主人也不能随意残害其肢体，比如，不能在其脸上刺字等。这些在辽圣宗、辽兴宗时都有明确的禁令。耶律褭履的丈母娘之所以不亲自杀那位婢女，要耶律褭履以计杀之，也是这个原因。更何况，从严格意义上讲，耶律褭履不算是这个婢女的主人。耶律褭履虽然娶了长公主的孙女，但这个婢女在法律上的主人是长公主，耶律褭履杀了她，属于“故杀他人婢女”，这和杀死自己的婢女性质不一样。杀死他人婢女辽律怎么处置，我们无从得知，但按照唐律，要处以“流三千里”，这是很重的刑罚了。辽律沿袭唐律，规定应当也差不多。至于为什么当时辽朝司法机关的判处比“流三千里”还重，我们推测有这样两个原因。第一就是耶律褭履杀死婢女的这个行为，情节非常恶劣。耶律褭履为了能和长公主家攀上亲戚，不惜违背良心和道义杀死长公主无罪的婢女，而且是“以计杀之”，这在重视“诛心”的传统中国法中显然属于情节恶劣。第二可能因为这属于合谋杀人。古代的杀人罪分好几种，“谋杀”即二人以上合谋杀人，通常处刑最重，因为合谋杀人说明犯罪者主观恶性极大，唐律规定要处以斩刑。耶律褭履杀死婢女，是和自己的丈母娘商量的，当然属于合谋，应当重判。既然朝廷司法机关给耶律褭履判成死罪，那么耶律褭履是不是就要人头落地了呢？

根据当时的法律程序，像耶律褭履这样的官僚贵族犯罪，司法机关虽然判其死刑，但这只是“拟判”，还需要有一个上奏皇帝、最终由皇帝来定夺的程序。就在等待皇帝定夺的这个当口，耶律褭履使出了自己的绝招——画画。他画了一幅辽兴宗父亲的画像，也就是辽圣宗生前的真容，献给了辽兴宗。辽圣宗是辽朝的“盛主”，又对辽兴宗影响很大，所以，当辽兴宗看到辽圣宗的画像之后，心中涌起了父子之情，十分感激这个让自己如睹父亲真容的画家耶律褭履。

于是，辽兴宗就下旨，让司法机关对耶律褭履的处刑进行重新审定，看能否宽减其刑罚。虽说是重新审定，但并不是说要明目张胆地破坏法律，而是根据当时的法律规定减刑，因为法律里面有一系列对于犯了罪的官僚贵族进行优待和减免的制度。法定的减免制度，跟我们在文艺作品当中所看到的官官相护、徇私枉法、逍遥法外是不一样的。这些优待和减免都是法律所规定的，限制很严格，相关人员都必须按照这个程序进行。

根据当时的规定，皇帝可以提出减免罪刑，但减免也不是随心所欲，不能太离谱，一般必须有足够充分的理由，让司法机关能够大致接受。另外，辽兴宗是一个很注重名声的皇帝，他也不想被人说随意破坏“圣宗之法”。因此，对耶律褭履罪刑的减免，必须尽力找到制度上的根据。

说到这里，有些读者可能会说，耶律褭履不是娶了长公主的孙女吗？长公主是皇帝的亲姐姐，那他也是当今皇帝的亲戚了。古代皇亲国戚有一些特权，那么他是不是可以因为这样的身份来获得罪刑减免呢？事实上是不行的。古代法律虽然说对于一些皇亲国戚在犯罪以后确实有一定的优待，比如“八议”中的“议亲”制度，但是对于这种亲戚的范围，是有明确并且严格的法律规定的，不是什么人都可以享受这样的法定减免。根据当时法律中关于可以受到优待的皇亲国戚的范围规定，耶律褭履是不够资格的，因为他娶的是皇帝姐姐的孙女，这个关系太间接了，不能被“议亲”。想要宽减耶律褭履的刑罚，当时可以提出的正当理由是他的奇能绝技。也就是说，对于一些能异之士可以优待，因为他的某项技能在当时是最顶尖的，如果你把他杀了或者说这个人不在了，人们自此以后能获得这方面的服务和成果，其品质将会大打折扣，甚至成为遥远的绝响。耶律褭履善于画画，是辽朝数一数二的画家。而且这一次，他也是因为画了先皇辽圣宗的圣容之后，打动了当今皇帝，才获得重新议刑的机会。那么，以耶律褭履的绘画特长为依据，可不可以给他减免刑罚呢？

我们知道，古人之中善于画画的不少，“善画”并不能达到犯罪宽减的标准。这种宽减，对于犯罪者所具特长的要求是极高的。那么，耶律褭履到底有没有达到这样的极高标准呢？答案是肯定的。耶律褭履“善画”的程度可以说是冠绝当时，有一些事例可以非常充分地体现出耶律褭履的绘画水平。

有一次，辽兴宗很想知道当时的宋朝皇帝宋仁宗长得什么样子。因为从当时辽宋两国的关系来讲，辽兴宗和宋仁宗算是兄弟。为什么呢？我们知道中国历史上有一个非常有名的澶渊之盟，在澶渊之盟下，辽宋两国约为兄弟之国，当时的辽圣宗和宋朝皇帝宋真宗双方约为兄弟，所以他们的儿子也是可以称兄道弟的。但以当时的现实条件，这两“兄弟”要见面是很难的。事实上辽兴宗和宋仁宗连一次面都没见过，所以辽兴宗很想知道宋仁宗长得是什么样子。后来他就派耶律褭履以贺正旦使的身份出使宋朝，因为两国约为兄弟之国，在一些节日要派使者到对方那里去道贺，相当于走亲戚。耶律褭履当了这个贺正旦使以后，回来就画了一幅宋仁宗的真容献给辽兴宗，我们可以想象，以他“善画”的程度，画出来的画像是非常接近宋仁宗本人的，效果估计堪比照相机。辽兴宗看了之后大为赞赏，终于知道跟他称兄道弟的这个宋朝皇帝到底长什么样子了。辽兴宗去世以后，在辽道宗在位时期，耶律褭履又作为贺正旦使出使宋朝。当时宋仁宗也去世了，其儿子宋英宗在位，设宴款待各国使节。耶律褭履就想施展一下自己的绝活，画一幅宋英宗的御容，带回去给辽朝皇帝看。但是，根据当时设的座位，耶律褭履离宋英宗比较远，他努力往宋英宗那边看，结果发现视线正好被宋英宗面前的一瓶花给挡住了。国宴中作为一国使节自然要规规矩矩，不能乱动，因此在整个宴会过程当中，耶律褭履始终没有看清楚宋英宗的真面目。他为此感到非常的懊恼。不过后来耶律褭履获得了一个机会，就是在“陛辞”这个仪式环节中接近宋英宗。这个仪式时间是非常短的，耶律褭履趁机看了宋英宗一眼，看完以后就要返回辽朝，宋朝在边境上也派了护送官员给耶律褭履饯行。就在辽宋双方人员要分手的时候，耶律褭履当着宋朝官员的面画了一幅宋英宗的画像。宋朝官员看了之后是什么反应呢？“骇其神妙”。拿我们今天的话讲，简直被这幅画的神妙程度惊呆了。可见耶律褭履的绘画技艺，确实是非常出类拔萃的。所以对于这样一个在绘画方面确实冠绝当时的人，朝廷最终的判决就进行了宽减，将死刑改为长流戍边。也就是说长期流放，把耶律褭履派到边境上当下级军官或者士兵守卫边境，当然在实际操作当中，这些官员到了边境上是不可能跟普通士兵一样的。

这样，耶律褭履就凭借着自己善于画画的绝活，捡回了一条命，并且后来又持续受益于此。在被发配戍边期间，他又画了一幅辽兴宗的画像献给辽兴宗，这张画同样把辽兴宗画得惟妙惟肖、栩栩如生。辽兴宗看了以后非常高兴，就免了他的罪，还把他提拔为“同知南院宣徽事”。这样一个官职，在文官当中属于级别比较高的官员了。可见“一招鲜吃遍天”，耶律褭履本人确实从自己善于绘画的技艺当中获得了不少好处。

尽管如此，耶律褭履本人的品行不佳，让他始终发展受限，难以承担大任。他为了攀龙附凤和长公主的孙女成婚，杀死一个无罪的婢女，足以让人看出来，这个人心术不正。在政治上的大是大非面前，这个人的表现也不怎么样。后来在道宗朝，曾经发生过非常著名的皇太叔耶律重元的叛乱。耶律褭履当时听说了耶律重元率领叛军攻打皇帝行宫的消息，他是怎么做的呢？冷眼旁观、按兵不动，完全没有去尽勤王的本分。他是为了避免过早亮明立场带给自己风险，这种行径相当于当“骑墙派”。后来辽道宗耶律洪基讨平了耶律重元等一干叛党。耶律褭履一看形势已经非常明朗了，才写了一封贺表，去祝贺辽道宗能讨平叛党。耶律洪基对此当然是非常生气的，觉得耶律褭履这个人在皇帝危难的时候，按兵不动、冷眼旁观，现在看叛党已被讨平了，又过来卖好，因此觉得耶律褭履的人品实在堪忧。于是在平叛以后，辽道宗设宴宴请各位臣僚，在这个宴会上，辽道宗当着众人的面对耶律褭履说，爱卿啊，我估计假如耶律重元叛乱成功了，你也能够像今天一样，成为他的座上客。这其实是在讽刺耶律褭履持身不正、当“骑墙派”的行为。耶律褭履听了以后自然是羞愧难当。不过，他高超的绘画技能在辽朝确实是无可替代的。尽管辽道宗对耶律褭履的品行不以为然，没有重用他，但是后来还是给他加了太子太师这样一个比较高的荣誉职衔。

根据这个案件我们可以看到，中国古代婢女的法律地位和主人及官僚贵族之间，确实差别很大。但也并非像我们想象的那样，完全不受法律保护，主人和官僚贵族不可能对奴婢为所欲为而不受追究。当然，比起今天的“法律面前人人平等”，古代法律对婢女的保护还是远远不够的。

第六讲

皇太叔之乱

一、皇太叔自立为帝

这一节要跟大家讲的是因一个辽代亲王叛乱所酿成的大案。说来也巧，这个案件曾经进入过金庸老先生的视野。在《天龙八部》里有这么一个情节：乔峰知道自己是契丹人后，进入大辽境内，遇到了大辽皇帝耶律洪基，帮助他平定了一场叛乱，然后被封为南院大王。乔峰这个人当然是虚构的，但这场叛乱，在历史上却真有其事，就是接下来要讲的辽道宗朝皇太叔耶律重元父子的叛乱。纵观中国数千年历史，帝王之家骨肉相残的事例可谓是俯拾皆是，亲王叛乱也不算是什么新闻。可是这个案件，确实有点特殊，因为叛乱的这位亲王有一个"皇太叔"的身份。对中国历史有了解的读者都知道，所谓"皇太叔"，肯定指的是皇帝的继承人、国之储君。不立自己的子嗣，却立比自己高一辈的叔叔为继承人，这在中国历史上很罕见。这是怎么回事呢？既然这位皇太叔已经被侄子确定为继承人了，那他为什么又要谋反呢？

公元 1063 年，大辽王朝已经进入后期，辽道宗是倒数第二个皇帝了。王朝后期的各种常见毛病，都已经开始显现：弊政丛生、统治者贪图享乐、上下离心、朝局不稳。皇太叔叛乱的案件，就是在这个背景下发生的。当时的辽道宗耶律洪基才三十岁出头，他当上皇帝的过程，在辽代是少见的顺风顺水；当上皇帝八年多来，朝局也算是勉强过得去。因此，他的忧患意识就很少。再加上他本身也是一个玩心很重的人，所以时常游山玩水、畋猎嬉戏。到了清宁九年（公元 1063 年），他又一如平常地带着大队人马到滦河岸边的太子山去打猎，不承想这次却出了大事。

这个大事，就是皇太叔耶律重元自立为帝的事。碰巧，耶律重元称帝的地方，也是在太子山附近的军营里。打一场猎打出了两个皇帝，这也算是一件稀罕事了。那么，耶律重元怎么会出现在太子山围猎场所附近？

这当然不是巧合，而是耶律重元父子及其党羽精心策划的结果。耶律重元父子谋划已久，这次本来就是冲着取皇帝性命来的，所以准备相对要充分一些。他们纠合了大量的兵力，光是《辽史》中有名有姓的叛军将领就有十几人之多，这些人带着耶律重元父子掌握的兵力，加上胁迫来的奚族武装以及弩手军四百余人，总兵力大概两千余人，气势汹汹地直扑辽道宗的行宫。耶律重元父子所带领的两千余人，看起来好像人数不是特别多，可对于当时的辽道宗来说，却造成了几乎致命的危险。因为辽道宗这次出猎，带来的军队本身就有限，再加上他晚上住在行宫里，军队则要扎营，离行宫还有段距离，只能依靠行宫的卫兵和一些后勤人员来防卫。最要命的是因为没料到有这场叛乱，行宫的防御准备不是非常充分，卫兵手里都是轻武器，后勤人员甚至要把行宫外面的栅栏拆了当武器。这种防御，能挡得住外面如狼似虎的叛军吗？辽道宗的身家性命和他的皇位，真可谓悬于一线了。

这种情况，本来是不该发生的。耶律重元父子的叛乱密谋已久，不可能没有一点迹象。在这个过程中，其实辽道宗有机会做充足的准备，甚至可以先发制人，采取断然措施把耶律重元父子解决。可惜，辽道宗就是一个缺乏决断的糊涂皇帝。为什么这么说呢？

早在两年前，皇太叔耶律重元父子就有过一次未遂的叛乱阴谋。当时耶律重元的儿子耶律涅鲁古担任南院枢密使事的要职，已经和父亲为谋夺皇位策划了好几年，身边也有了一大批党羽；再加上父子俩也是位高权重：耶律重元是皇太叔兼天下兵马大元帅，耶律涅鲁古也在掌握军务的枢密院当领导。耶律涅鲁古一下子膨胀起来了，觉得时机已经成熟，可以铤而走险了。于是，父子俩就策划了一个阴谋，就是耶律重元装作生病了，然后耶律涅鲁古把消息放出去，想等辽道宗来探病的时候把他杀死，然后让耶律重元登基。但辽道宗最终因故没去探望，这次密谋也就没成功。按理说这种事，以辽道宗多疑的性格，本该有一点警觉的，可惜，昏君的特点之一就是对该怀疑的不怀疑，对不该怀疑的乱猜疑。辽道宗对耶律重元父子还是宠信如故，这就让他们等来了这次皇帝出猎的机会，发兵直扑行宫。

其实即使在耶律重元父子向行宫发兵之前，辽道宗也是有机会采取措施甚至先发制人的。辽道宗是个糊涂皇帝，不代表朝廷里面没有明白人。朝廷里有很多大臣都觉得耶律重元父子狼子野心，肯定会作乱，就一直关注着他们。其中有个叫耶律良的，是辽道宗的诗友，当时担任敦睦宫使，就是负责皇族宫帐事务的官。辽道宗这次打猎带了耶律良一起出来，可能是想让耶律良作诗称颂一下自己出猎时雄姿英发的光辉形象。耶律良不知道从哪里听说了耶律重元父子将要发动叛乱的消息，顿时心里面非常着急，马上就想跑去把这事向辽道宗禀报。可这耶律良到底是个聪明人，他马上转念一想，觉得不能先去找辽道宗。为什么呢？辽道宗平常那么宠信耶律重元父子，人家和皇帝是血浓于水的一家人，自己红口白牙仅凭捕风捉影的消息就跑去禀报，辽道宗可能不但不信，反而会砍了自己的脑袋。想到这里，耶律良决定去找另一个人，这个人就是辽道宗的母亲，也就是当朝皇太后萧挞里。耶律良当时除了担任敦睦宫使外，还担任权知皇太后宫诸局事。凭着和皇太后的交往，耶律良觉得皇太后是一个有政治头脑的人，她肯定能下一个正确的决断。

果然，耶律良找对人了。皇太后萧挞里一听，就感觉事态严重，消息绝不是空穴来风，当即就决定赶紧通知儿子辽道宗。可是派人火急火燎地跑去禀报，万一消息传到耶律重元父子那儿怎么办？萧挞里很有心计，她马上假装急病突发，然后派人以此为由急召自己的儿子过来。皇帝探望母后的急病，这不会引起别人怀疑。耶律良预料得没错，辽道宗到了母亲的营帐后，听母亲说了耶律重元父子预谋作乱的事情，压根儿就不信。萧挞里一看儿子没有当机立断的意思，马上召来耶律良，让他把消息原原本本地给辽道宗讲一遍。谁知这辽道宗听了还是不信，反而呵斥耶律良：你是想离间我们骨肉亲情吗？耶律良见事已至此，也是铁心豁出去了，他大声对耶律洪基说：我如果有半句虚言，甘愿让陛下把我的脑袋砍下来。陛下如果不信，您可以召耶律涅鲁古来觐见，如果他真的来了，那就是我说了假话；如果他不敢来，那必定就是要造反。

辽道宗看到耶律良豁出自己的性命来告变，就从压根儿不信转变为半信半疑了。这毕竟是关涉自己皇位和身家性命的事，有政治头脑的母后都在一旁劝他：事关社稷大事，不可不防。如果这个时候辽道宗迅速做出决断，先发制人，可能就不会有后面的这场大乱了。但是辽道宗又用了个昏招，他居然派使者去招耶律涅鲁古来行宫，想要当面问问。耶律重元父子当时确实已经在准备以武力夜袭行宫、夺取皇位了，但还没有最后敲定起事的时间，他们想等党羽带兵再集合得多一些，一举扑向行宫。谁知冷不丁的，皇帝居然先派人来传耶律涅鲁古去行宫觐见。耶律重元父子也是在官场上摸爬滚打多年的人，当即意识到事情可能泄露了。父子俩一密谋，去行宫肯定是自投罗网，既然皇帝听到风声了，那就一不做二不休，干脆马上起事。当即就对使者露出凶相，下令把使者扣押起来，关在营帐里。耶律涅鲁古马上一边派人通知党羽，一边组织人马准备立刻直扑行宫。

如果耶律涅鲁古这个时候就率人马杀过去，那边辽道宗毫无防备，叛乱成功的可能性是很大的。可是，往往就是关键时刻有出人意料的情况出现。耶律涅鲁古百密一疏，他在组织人马的时候，营里一片忙乱，他的手下也就没怎么严格看管辽道宗的使者。契丹人崇尚勇武，男子的靴子里都藏有一把短刀。耶律涅鲁古和他手下的人仓促之间都把这事忘了。辽道宗的使者就拿出靴刀，把营帐的顶部划开一道口子，然后爬上帐顶逃跑了。这个使者很机敏，飞速逃回辽道宗的行宫，报告了耶律重元父子准备起兵谋反的消息，事情十万火急。

到了这个时候，辽道宗才相信，自己宠信的皇太叔父子真的要作乱了，当即把担任南院枢密使的耶律仁先召来商量对策。这次，辽道宗是找对人了，也就是这个人，挽救了他的皇位和性命。耶律仁先可不是一般人，耶律重元父子密谋已久，迟迟未敢发动叛乱的重要原因，就是顾忌朝中智勇兼备的耶律仁先。耶律仁先说："耶律涅鲁古凶险残忍，我已经怀疑他们很久了。"这可不是事后诸葛亮，耶律仁先担任南院枢密使，是耶律涅鲁古的上司，自然对耶律涅鲁古的行动一直是有所察觉的。辽道宗此时对耶律重元父子叛乱的形势，仍然估计不足，对平叛并没有做认真的安排，只是派耶律仁先率兵前去逮捕耶律重元父子。

耶律仁先凭着军人的敏感性，认为耶律重元父子蓄谋已久，此时发动叛乱，肯定是有组织有计划的，不可能那么容易束手就擒。于是他就劝耶律洪基说："陛下还是谨慎一些为好，应当做万全的准备。"意思是让辽道宗赶紧召集附近军队来勤王，整军备战。但是辽道宗主意已定，仍然坚持命耶律仁先只率一些卫兵前去逮捕耶律重元父子。耶律仁先无奈，只好听命，转身走出行宫，准备组织卫兵前去逮捕耶律重元父子。不料，他刚走出皇帝行帐，耶律重元父子便率叛军杀到了行宫。辽道宗见耶律重元父子率叛军杀了过来，顿时慌了神，连忙上马，想逃往附近的北院部和南院部驻地避难。辽道宗为什么想到这个去处呢？因为按照规定，大辽国皇帝出游，北、南院有关要员及北、南院大王也要随行，他们的行帐与皇帝行帐有一定的距离。

但是耶律仁先不同意，他上前抓住辽道宗的马缰绳，阻止说："陛下如果舍弃卫兵而逃往他处，贼兵必然要随后追杀，局面就更危险了，况且现在北院大王和南院大王对此事是什么态度还不知道，陛下怎能贸然去险境呢？"耶律仁先的意思很明确，现在应该赶紧组织人马抵抗，而不是逃跑，因为北、南两院大王那里也不一定安全。谁敢保证他们一见耶律重元父子势大，不马上另投靠新主子呢？辽道宗去了，不正是自投罗网了吗？

恰在此时，另一位大臣萧韩家奴也赶了过来，与耶律仁先一起抓住辽道宗的马缰绳，力劝他不要去北、南两院部驻地。耶律仁先之子耶律挞不也见父亲抓住辽道宗的马缰绳不放，就说道：“皇帝的意思怎么好违背呢？”这个年轻人的思想还是有点简单，觉得听皇帝的决断最保险。耶律仁先一听，不禁大怒，马上挥拳朝儿子的头上就砸了好几下。拳头虽然打在了耶律挞不也的头上，却打醒了辽道宗，他觉得耶律仁先和萧韩家奴说得有道理，于是就放弃了去北、南两院的想法，授命耶律仁先全权负责讨平叛乱。这个决心是下对了，可是当时辽道宗手里能调动的人马少得可怜，统共才几十个人，能挡得住耶律重元父子的两千叛军吗？

俗话说，一将能抵百万兵，也幸亏耶律仁先正是这样的良将。他一看自己这边人马实在太少，除了马上组织一些非战斗人员也提枪上阵之外，还想了一个办法：命令士兵把所乘的车辆连在一起，环车为营，将皇帝保护在车营之中，自己则率领三十几名战斗力比较强的士兵站在环车外面，以阻挡叛军的冲锋。另外，耶律仁先想到叛军毕竟人多势众，如果硬拼，自己这边士兵的战斗力再强也顶不了多久，于是就命令这些士兵准备好弓箭，等叛军冲上来时先放箭，把叛军的第一波冲锋打下去，就可以争取更多时间等待援军。事实证明，正是耶律仁先高超的军事才略，才挽救了辽道宗和他的江山。

这边耶律重元父子带着叛军冲过来一看，皇帝身边基本没什么军队，就放心大胆地冲过来了。耶律涅鲁古一马当先，冲在最前面，巴不得马上杀了辽道宗，让自己的父亲登基。可是俗话讲，心急吃不了热豆腐，耶律涅鲁古的这一冲，注定了自己和父亲的叛乱要以失败告终。为什么呢？那边耶律仁先一看叛军冲过来了，马上下令士兵放箭，顿时箭如飞蝗，冲在最前面的耶律涅鲁古立马被射成了刺猬，一头从马上栽下来。所谓擒贼先擒王，其他叛军一看耶律涅鲁古中箭落马，哪里还敢死命往前冲，纷纷勒住马缰绳就想往回退。这时，辽道宗这边的一员勇将在叛军还没退的当口，死命冲到阵前，一刀就把耶律涅鲁古的首级给割了下来。叛军们一看尽皆胆寒，跟退潮时的海水一样纷纷往回退，有的就趁机溜走了。不过，叛军中的骑兵往后退了，弩手军却还在耶律重元的率领下一直往前，他们冲到阵前的时候，也开始施放弩箭，这样双方就等于没有直接接触，而是进行了一场弓箭大战。一时之间，箭矢如雨，辽道宗一看情势危急，自己也不能躲在车营之中了，于是也出来领兵作战。值得一提的是皇太后萧挞里虽然是一介女流，但是契丹以鞍马为家，她丝毫不逊色于自己的儿子，也冲出来督战。虽然叛军这边人数众多，但辽道宗这边有车营的屏障，占地利之便，再加上耶律仁先指挥得当，皇帝和皇太后亲自上阵也让士兵士气大振，最后勉强和叛军打了个平手，双方互有伤亡。最后一盘点，发现双方的首领辽道宗和耶律重元都被弓箭射伤了，可见战斗的激烈程度。

双方打了一阵之后，天色就渐渐暗了下来，叛军这边没占到什么便宜，耶律重元看到自己的儿子已经战死了，心里既悲伤又懊丧，战斗的热情有所下降，准备停下来整顿一宿，明天再战。这个时候，身边的一个死党劝他不要停，继续进攻。这个死党说，我们只有死战，才能成功，如果此时停下来，只会归于失败。如今对方没什么准备，我们在兵力上占绝对优势，只要趁夜色进攻，大事一定可成。如果等到明天再战，那他们就有充足的时间等援军了。况且我们这是叛乱，时间拖长了，谁能保证我们的人不会产生二心呢？这个机会一旦失去，我们将后悔莫及啊！

这个死党说得一点也不错。这个时候确实是耶律重元及其叛党最有优势的时候，毕竟他们蓄谋已久，准备充分，在人数上和气势上都远远压倒了对方。辽道宗那边基本上没什么准备，仓促之间组织抵抗，虽说耶律仁先指挥有方，可毕竟士兵太少了，各种装备包括弓箭也都有限，打了一场小仗就已经不得不把行宫外的栅栏拆下来当武器了。如果接着打下去，辽道宗必败无疑。那么，耶律重元有没有听这个死党的劝告趁夜色进攻？辽道宗的命运又将如何呢？

二、皇太叔身死家灭

就在耶律重元有些丧气，想休兵一宿明日再战的时候，他的一个死党劝他一鼓作气攻下行宫，不然夜长梦多，明日的胜负就不好说了。耶律重元本是一个没主意的人，听死党这么一说，自己也难以决断，就去征求叛军的另一个首领萧胡睹的意见。萧胡睹见耶律涅鲁古被射死，心里也有点发凉，又见天色已经暗了下来，就和耶律重元说：夜里交战，敌我难分。如果他们内外夹击，对我方非常不利。反正我们占据绝对优势，明日再战也不迟。萧胡睹当时担任枢密副使，主管军务，耶律重元觉得这位军事专家说得肯定没错，再加上自己本无战意，就决定明日再战。他下令把辽道宗的行宫团团围住，天一亮就发动攻击。虽说是决定休兵一宿，可是耶律重元他们也没闲着。忙着干什么呢？叛军连夜拥立耶律重元登基称帝，为他上尊号，制定了新年号，然后耶律重元忙不迭地封官许愿回报他的这些手下：萧胡睹被封为军政一把手北院枢密使，其他同党也都被加官晋爵，忙了个不亦乐乎。从这个事可以看出，叛军对形势估计得有点过于乐观了，他们本以为天一亮就大事可成，可谁也没料到，耶律重元这个皇帝就当了一晚上，其他叛军的新官爵也就享受了一晚上。这一晚，辽道宗那边在干什么呢？

因为形势非常险恶，辽道宗这边可绝对不能错过这个喘息之机。耶律仁先赶紧派人设法逃出包围圈，到各帐再去催促勤王之兵；同时，辽道宗跟耶律仁先、萧韩家奴一起分析敌情，商讨破敌之策。这些努力，天亮时都取得了巨大成效。

耶律重元跟他的党羽享受了一晚上“新朝廷”的尊荣，到了天亮时，马上挥兵来攻辽道宗的行宫。可是攻过来的时候一下子傻眼了，由于附近北院部的援兵赶到，辽道宗这边已经不是几十人的规模了，而是一千多人。叛军虽说人数略多，可肯定没有绝对优势了。然而事已至此也没办法了，耶律重元就硬着头皮带兵攻了上来，想拼个鱼死网破，至少获胜的机会还是有的。可他没料到，这时候又发生了一个意外情况：萧韩家奴把自己叛军中的奚族人给瓦解了。奚族人和契丹人一样，也是草原民族，剽悍善战，一向和契丹人一起作为辽朝军事力量的基本盘存在。所以这次耶律重元叛乱时，有的党羽也带了一些奚族的军人甚至猎户过来，让他们冲在前面。萧韩家奴一看叛军里有这么多奚族人，当即站出来大声朝他们喊话：你们追随耶律重元叛乱，是自取灭族之祸。如果现在能够悔过放下武器，皇帝就不会追究你们的罪责，你们就可以转祸为福了。萧韩家奴本来就是奚族人，担任过统领奚族的奚六部大王，他在奚族人当中有相当的威望。奚族人一看萧韩家奴来了，本来就不想打仗，现在听他这么一说，哪个还愿意向前？都纷纷扔掉了兵器，下马投降。萧韩家奴旁边的耶律仁先哪里肯放过这个机会，当即挥兵掩杀过去。其他叛军看到奚族人投降，早已是军心浮动、无心再战，现在看到耶律仁先率兵杀来，不等接战就纷纷四散逃命。

兵败如山倒，耶律重元见取胜无望，马上调转马头就开始逃命。但跑出一段路后，萧胡睹自知如果被抓住必死无疑，就在绝望中投水自尽了。耶律重元跑得更远一些，带着几个骑兵逃到了大漠，可逃出来又怎么样呢？天下之大，哪里是你的容身之所？耶律重元也感觉无路可走，这个时候，他想起了那个“坑爹”的儿子耶律涅鲁古，可儿子已经先他而死了，还能怎么样呢？耶律重元仰天长叹一声：“都是涅鲁古害得我走到了这一步啊！”随即自杀身亡。耶律重元父子死了以后，辽道宗还朝，对有功之臣一一进行了封赏，将耶律重元父子的余党一一处置发落。至此，皇太叔耶律重元父子蓄谋已久的夺位叛乱，以父子俩双双命丧黄泉而结束。

这个事情算是结束了，可里面还是有诸多疑点。照理说，辽道宗耶律洪基父子，对耶律重元算是不错的。辽道宗的父亲辽兴宗在位时，就封弟弟耶律重元为“皇太弟”，表明他的皇位继承资格；辽道宗即位后，又封耶律重元为“皇太叔”，加封“天下兵马大元帅”，这在辽朝也是具有皇位继承人意义的封号，并且赐给他丹书铁券，也就是皇帝保证他身家性命和永享富贵的书面承诺。此外，又免去他拜见君主所行的拜礼，还先后让他担任南院枢密使事和北院枢密使的要职，这北、南两枢密院可是大辽国的最高军政机关。他的儿子耶律涅鲁古也受封王爵，并在朝廷里历任要职。史书上说，两代皇帝对耶律重元父子“尊宠所未有”。既然皇帝对耶律重元父子这么好，又有了“皇太叔”和“天下兵马大元帅”两个皇位继承人封号的双保险，那耶律重元为什么还要发动叛乱呢？还有，耶律重元在自杀之前，为什么又要说是儿子耶律涅鲁古让他走到了这一步呢？

不管耶律重元受到两代皇帝多大的荣宠，有一个问题是极为尴尬的：他连续当了两朝的皇位继承人。这可不是什么光荣的事，而是一个尴尬甚至凶险的处境。老是顶着皇位继承人的名号，皇位好像离自己咫尺之遥，却一直够不着那个本该属于自己的东西，这是让耶律重元心里非常憋屈的地方。而且我们也知道，古代的皇位之争是非常残酷的，你死我活是常态。耶律重元曾经当过一次前朝皇位继承人，没能顺利继位，那新皇帝怎么处理他？这里面的危险性就很大了。一个整天活得提心吊胆的人，最后决定铤而走险、先发制人也是意料之中的事。

那么，耶律重元在自杀之前，为什么要说是儿子耶律涅鲁古使他走到了这一步呢？这是因为，儿子耶律涅鲁古在背后怂恿，是耶律重元发动叛乱的一个关键因素。我们今天看在反腐中落马的贪官，都说他背后肯定有一个“坑爹”的儿子和一个贪财的妻子。这话不一定百分之百准确，但绝对适用于耶律重元。尽管耶律重元对当“万年候补”

不满，心中也常怀忧惧，但毕竟争夺皇位是一件危险的事，短期内很难下定决心。而且在他当了皇太叔不久后，他的最大靠山、极其宠他的母亲钦哀太后萧耨斤病逝了。钦哀太后在朝中很有影响力，如果耶律重元想问鼎皇位，有她的帮助可以说是十拿九稳。可她这一去世，让耶律重元倚仗母后夺回皇位的希望彻底破灭，从此情绪低落，对皇位的热度也有所下降。再加上耶律重元这个人没什么太远大的志向，当个亲王和皇太叔，享受高官厚禄，他也就得过且过了。但是，有一个人不让他消停，并对皇位的热衷程度与日俱增，这人就是耶律重元的儿子耶律涅鲁古。耶律涅鲁古是耶律重元的长子，为人心狠手辣、野心勃勃。他刚出生的时候，辽兴宗听说皇弟得子，非常高兴，赋诗表示祝贺，赐给耶律重元大量的宝玩器物，还跑去看自己的亲侄子。但是，等见到还在襁褓中的耶律涅鲁古时，辽兴宗不禁一皱眉："此儿目有反相。"说一个襁褓中的孩子目有反相，我们今天的人肯定觉得，这是根据耶律涅鲁古以后的行径牵强附会的。不过，耶律涅鲁古对皇位的热衷程度确实非常高。耶律涅鲁古当时先后被封为楚王、吴王、楚国王，爵位已经很高了。可是他不满足，一直很希望自己的父亲能够坐上皇帝宝座，那样的话他自己也有机会过一把皇帝瘾。可随着伯父辽兴宗去世，堂兄耶律洪基即位，耶律涅鲁古眼睁睁看着那把龙椅距离自己越来越远，心里便开始着急起来，就不断撺掇父亲耶律重元起兵夺取皇位，并且自己开始结交大臣党羽、积蓄力量。耶律重元虽说自从侄子即位以后，对皇位的欲望不如以前强烈了，但是心里总还是有所不甘，现在儿子耶律涅鲁古天天怂恿他，那颗想当皇帝的心又开始活泛起来了，父子俩就开始密谋夺取皇位。

耶律重元的妻子也没闲着。不过她撺掇耶律重元叛乱，可不是出于什么宏图大志，起因只是一件小事。耶律重元的妻子，人应该长得不错，她因此很自得，平时经常浓妆艳抹，天天是"顾影自怜、流目送媚"。从古代的道德标准看，这肯定是不好的。可耶律重元对家风问题不上心，往往听之任之。有一次，辽道宗的皇后萧观音给辽道宗生下了长子耶律濬，皇帝的长子出生是大喜事，宗亲贵族都要去表示祝贺，耶律重元让妻子也去，她就浓妆艳抹地进宫去了。亲贵云集的地方，耶律重元妻子的表现欲又来了，“以艳冶自矜”，卖弄风骚。但是，萧观音皇后素来是一个比较端正庄重的人，她见了自己这位婶婶的行径，大不以为然；她又是皇后，得对宗室妇女的作风有所管束，免得她们不检点、乱来，失了皇家体面。于是她就告诫耶律重元的妻子说，我们是贵家妇人，理应自爱，在外人面前要表现得庄重一点，你又何必这样呢？皇后的用词比较平和，没有什么讽刺挖苦的刻薄话。客观来说，这番劝诫是很有必要的，皇族妇女表现得那么轻佻确实不太合适。而且萧观音是当朝皇后，对皇族妇女进行管束也是分内之事，是正常行使职权。耶律重元的妻子如果是个明事理的人，就应该虚心接受。可她偏偏不这么想。耶律重元的妻子是个行事很高调、张扬的人，现在被自己的侄媳妇当着这么多亲贵的面批评一顿，哪里受得了这个委屈？她在皇后宫里敢怒不敢言，回家之后对着自己的丈夫就一通大骂：你也是圣宗皇帝的儿子，结果混得连一般的下人都不如，让小辈萧观音给我摆皇后的架子，当面数落我！你如果真有志气，就把这个势头翻过来，让我打死这个臭丫头！当然，耶律重元的妻子讲话可不像萧观音那么有分寸，她骂萧观音时用的是“教坊奴”这三个字。因为萧观音通音律，雅好写诗填词，所以时常到宫里的教坊去，耶律重元的妻子就骂她为“教坊奴”。从这个细节，我们可以想象耶律重元的妻子那副泼妇骂街的样子，也说明她的修养确实跟“皇婶”这个身份有差距。耶律重元也不好好检讨自己的妻子是不是在行为上有什么问题，听了这话以后马上就血气上涌：作为一个男人，还是皇太叔，让自己的妻子受这份气，此仇不报，誓不为人！于是就下决心谋夺皇位，跟儿子和党羽紧锣密鼓地策划开了。

我们真的要感叹一句，领导干部有良好的家风真是太重要了。像耶律重元这样，不注意家风建设，结果家属就不像样子。自己的儿子是个“坑爹”的角色，野心勃勃，天天抱着非分之想鼓动父亲造反；妻子呢，平时花枝招展不注意影响也就算了，在受到批评的时候不虚心接受，居然也怂恿丈夫叛乱。摊上这样的家人，耶律重元算是倒霉，也是他忽视家风建设，咎由自取。

除了家庭内部“思想统一”之外，耶律重元还得到一些朝中重臣的支持，最主要的是萧革和萧图古辞这两个人。萧革担任辽朝的最高军政长官——北院枢密使和南院枢密使，被封为郑王。萧革的儿子娶了耶律重元的女儿，双方是儿女亲家。萧图古辞当时任南府宰相，是辽朝的第四把手；还当过几个月的北院枢密使，辽道宗很宠信他，特许他“便宜从事”，也就是说有些事不用等皇帝决断，萧图古辞就能全权处理。史称这人“好聚敛专愎”，就是喜欢搜刮钱财又刚愎自用。这个特点耶律重元是很喜欢的，就跟他倾心结纳，给了他不少好处。萧图古辞也是投桃报李，他当了短短几个月的枢密使，就把耶律重元的很多党羽弄到朝廷里任职了。萧革和萧图古辞这两个人危害极大，辽道宗凡事都要听这两个人的意见才做决定，大有三国时期孙权“内事不决问张昭、外事不决问周瑜”的光景。可以看出，辽道宗本身就是个糊涂皇帝，政治洞察力不行。他一直认为这两个人是大忠臣，对别人的劝谏、揭发一概不听。这次耶律重元父子叛乱失败，两人才终于暴露出来。萧革因为参与了叛乱的谋划，被凌迟处死；萧图古辞虽然没有直接参与谋逆，但在当枢密使的时候提拔了不少耶律重元的党羽，为耶律重元父子的叛乱提供了条件，因此被削去一切官爵，贬为庶人。后来又入兴圣宫为奴，最后死在那里。

这些奸臣终于各自得到了报应。可重元之乱的发生，不仅仅是野心家和几个奸臣结党营私的结果，还有更深层次的原因。这就是辽朝内部汉化和反汉化“两条路线”的斗争。站在耶律重元父子身后的是契丹各部族中的守旧贵族，某种程度上讲，这是他们和以皇帝为代表的汉化势力的一次对决。我们知道，契丹自从辽太祖耶律阿保机称帝建国以来，一直在向中原汉族文明学习，但总有些契丹部落贵族留恋本民族的政治和文化传统，对于这种汉化的趋势有些抵制。因此，往往会形成倾向汉化的一派和主张保守本俗的一派你来我往地争斗，互不相让。到了中后期，辽兴宗和他的儿子辽道宗都是熏习汉法、倾慕汉风的，他们的汉文化素养很高，政策上就比较偏向中原文明，也愿意和南边的宋朝交好，因此，朝廷里主张汉化的契丹人和汉族官僚，坚决拥护皇帝。这样一来，那些主张保守本俗的契丹贵族就大为不满，慢慢地聚拢到耶律重元身边。耶律重元本身是比较反对汉化的，很倔强地主张保守本俗，从一件事当中可以反映出来：辽朝的司法官员有很多是由汉人担任的，这主要是文化程度方面的原因。既然是司法官，那辽朝境内不管是契丹人还是汉人犯法，都由他们处理。耶律重元觉得这样不行。他觉得契丹人犯法由汉人处置，肯定对契丹人不公平，汉人官员会冤枉他们。于是向皇帝建议，在辽的五京设立契丹巡警使，由契丹人掌握，职责就是监督各地的司法案件，主要用意很明显，那就是监督汉族官员，防止他们“冤枉”契丹人。从这事我们可以看出，耶律重元对汉人很不信任，没什么好感。另外，遵从契丹旧俗，对他自己也是很有利的。契丹旧俗中的继承制度，是所谓的“世选制”，也就是经大家推选，父子兄弟轮流坐庄。可要按照汉制，那就得父子相传，不是长子的耶律重元想当皇帝根本没戏。所以支持契丹旧制的耶律重元就和主张汉化的辽兴宗、辽道宗父子产生了矛盾，最终铤而走险，身死家灭。

这个案子虽然结束了，可它的影响并没有到此为止。前面我们说过，辽道宗是个昏君，重元之乱的发生，他自己的领导责任很大。平时喜欢游猎导致政务废弛，让耶律重元父子有机可乘这就不用说了，更关键的是他用人不明，亲小人、远贤臣。在这次叛乱发生前，其实朝廷里有一个智勇双全、能镇得住耶律重元父子及其党羽的人，就是他的亲舅舅——北院枢密使萧阿剌。可有一次，萧阿剌在朝堂犯颜直谏，辽道宗听信萧革的谗言挑拨，竟然把自己的这个舅舅当场缢杀在朝堂之上。后来耶律重元父子起兵叛乱，当时人们都说，要是萧阿剌还在，这场叛乱就绝不可能发生。这是名副其实的自作自受。辽道宗虽然侥幸把耶律重元父子的叛乱平定了，可他并没有改弦易辙、吸取教训。他除掉了萧革、萧图古辞等奸臣，紧接着就“前门驱虎、后门进狼”，在叛乱平定后又提拔起一个更危险的奸臣，也就是被称为辽代第一奸臣的耶律乙辛，导致他十几年后在耶律乙辛的蒙蔽下，做出了杀妻灭子的蠢事，而大辽王朝，也正是在辽道宗时期注定了灭亡的命运。

第七讲

十香词冤案

一、帝后情疏

公元1075年末，在中国北方的大辽王朝，发生了一件著名的宫廷“秽案”，史称“十香词冤案”。所谓“秽案”，就是说因宫廷里面的女主生活作风不检点而引发的案子。《十香词》呢，是十首有点不堪入目的淫词艳曲。据案件的告发者称，这十首淫词艳曲是皇后写给和她私通的一个宫廷乐工的，是两人关系不正常的铁证。皇后本来是该母仪天下的，如今却和这种丑事有了瓜葛，皇帝当然是气得暴跳如雷。最后，这个案子导致当朝皇后被赐死，皇太子被杀，整个大辽王朝的“国本”为之动摇。中国皇权统治的历史有两千多年，其间发生的宫廷“秽案”不计其数，皇后身死、太子被杀也并不鲜见。但是，大辽王朝的这个案件的影响却极为深远，甚至与其灭亡都产生了关联。

那么，谁该为这样的后果负责呢？是那位“秽乱后宫”的皇后吗？不是。这位皇后知书达理，在当时就有“贤明端重”之誉。当她被认定与宫里的乐工私通之时，朝野就颇有质疑。至于皇太子，罪名是图谋废立，就是想废掉父皇、提前接班。因此他先是被废，后来被杀。直到近三十年后，这个案件才真相大白：这是一起不折不扣的冤案。奸臣弄权，意图扳倒太子，就先从他的母亲皇后下手，一手制造了这件冤案。那么，到底是什么样的奸臣，居然有这么大的能力，能够害死当朝皇后和太子呢？让我们回到历史的现场。

这个案子发生的时间，是大辽王朝倒数第二个皇帝辽道宗耶律洪基在位期间。大辽王朝此时已经走过一百多年的时间，露出了江河日下的苗头。辽道宗自己酿成的这起杀妻灭子的家庭惨剧，又给大辽王朝的衰亡添了一把火。这个冤案的发生，既有辽道宗自身性格的原因，又有辽代第一奸臣耶律乙辛蛊惑诬陷的原因，还有受害人懿德皇后萧观音自身的原因。

这位萧观音皇后，出自契丹后族当中的显赫之家，她们家族在辽代的圣宗、兴宗、道宗三朝，出了三位皇后，父子兄弟也是历任高官。出生在这样的家族，萧观音被教养成一个名副其实的大家闺秀。她长得非常漂亮，多才多艺，擅长书法，精于赋诗填词，也通晓音律。辽道宗很欣赏萧观音的才华，曾经夸奖她可谓是女中才子。辽道宗汉文化修养也很高，同样精于诗词。有了共同的雅好，辽道宗和萧观音起先可以说是琴瑟和谐、声气相通，加上萧观音给辽道宗生下了他唯一的儿子耶律浚，家庭生活应该是美满而幸福的。但帝王之家的情况，往往不能以普通人家的逻辑来揣测。萧观音最后遭到诬陷，引来杀身之祸，恰恰是因为她和丈夫有一样的雅好。中国有句古话说，女子无才便是德。这句话在我们今天的人看来，当然是一种很大的偏见。但如果放到古代的社会环境中去看，女子将自己的才华表现于外，往往就与传统社会所提倡的“妇德”不合。萧观音可以说是一个活生生的例子。她被辽道宗疏远直至最后被诬赐死，都和自己的才华有莫大的关联。

人读书多了以后，考虑的问题就多，关心的事情就多。所以苏轼说“人生识字忧患始”。萧观音读了那么多的圣贤教诲，对于“相夫教子”这几个字真是身体力行。这本来没错，可问题是她是皇后，所要辅佐的丈夫是皇帝、一国之君，所以她的辅佐便难免涉及朝廷时政。再加上契丹人后族干政的传统一向很盛，比如说述律后、萧太后，都曾经女主临朝。所以萧观音大概也觉得自己对于朝局负有责任，就时常对朝廷时政发表一些看法，劝谏丈夫的一些不恰当的行为。可辽道宗这个皇帝，和辽朝前面几任皇帝都不一样，没有在继位这件事上遭受波折。他是辽兴宗的嫡长子，六岁被封王；十二岁被封为“总知南北院枢密事”，就是对全国的军政事务负责；二十一岁被封为天下兵马大元帅，这是辽朝皇位继承人的封号，可以说其接班人的身份正式确立了；二十四岁当上皇帝，一路可谓是顺风顺水，基本上没遇到辽朝前几任皇帝那样的继位危机。一方面，这就导致他对政坛上的波谲云诡、大奸似忠缺乏认识；另一方面，身边时常被阿谀奉承的小人包围，听不得逆耳忠言。所以，皇后萧观音的劝谏注定是徒劳无功的。

可是萧观音刚开始不明白这一点。她作为一个博览群书的才女，认为自己也和那些书上记载的贤后明妃一样，有义务来规劝夫君。她对辽道宗说，一代明君唐太宗在位的时候，宠爱徐贤妃。这个徐贤妃曾经说，后宫之人不能以色事君，应该以才事君，所以她经常劝谏唐太宗，匡正过失。萧观音的言下之意就是说，我愿意做您的徐贤妃。看来这位才女皇后真是读书读得太入戏了。你大可以自愿当徐贤妃那样的贤明后妃，可你得掂量掂量自己的丈夫是不是唐太宗那样的明君。如果是，别说是一个徐贤妃，就是再多一个长孙皇后那样的贤后来匡正他的过失也没问题；如果不是，那你的劝谏在他看来就是和他过不去。辽道宗耶律洪基恰恰属于后者。他自幼就在那些阿谀奉承的群小包围下长大，朝堂上那些自己伯叔翁舅辈的高官所讲的逆耳忠言，他都听不进去，急眼了还要杀人。他的亲舅舅萧阿剌担任辽朝的北院枢密使，就是因为指斥他的过失被当场缢杀在朝堂之上。所以，他怎么能听进去皇后这样一个后宫女流的忠言呢？

其实，萧观音劝谏辽道宗的，要么是一些亲贤臣远小人的大道理，要么是一些诸如减少围猎之类的小事，如果辽道宗稍微有点胸怀，完全可以把这些当成是一个妻子的唠叨，左耳进右耳出就可以了。可他偏偏就是一个听不得一点逆耳之言的人，觉得皇后是在给他找不痛快。所以，慢慢地就疏远了萧观音，很少去她的宫帐了。萧观音为她的才华付出了第一步的代价。

之所以说是第一步，是因为后面她还将付出更沉重的代价。我们知道，古代后宫中的女性，表面上锦衣玉食、华丽显贵，但其实她们的个人生活是很寂寞的，大多数人见到皇帝的时间很有限，又不可能寻找其他伴侣，精神世界是很痛苦的。萧观音虽然贵为皇后，但她被夫君冷落后也要面对这种痛苦。冷冷清清，“宫花寂寞红”，所以她就发挥自己的才华，用写诗填词来抒发胸臆。她填过一阕很有名的词《回心院》。从名字就可以知道，这是典型的深宫怨词。为什么这么说呢？“回心院”用的是唐玄宗时期梅妃江采萍的典故。唐玄宗本来很宠爱梅妃，后来杨玉环入宫，梅妃受到冷落，她就把自己所居的宫院命名为“回心院”，希望有朝一日，君王能够回心转意，再承恩宠。有一次，唐玄宗在宫里游玩，无意间路过梅妃的宫院，看到“回心院”这三个字，才想起梅妃已经被自己冷落多年，有点过意不去，就派人给梅妃送来一斛珍珠。梅妃看到皇帝送来的珍珠，睹物思人，但她所思的人并没有来，心潮难平，非常痛苦，就写了一首《谢赐珍珠》：“柳叶双眉久不描，残妆和泪污红绡。长门自是无梳洗，何必珍珠慰寂寥。”被冷落深宫的悲苦心情跃然纸上。萧观音读过很多书，估计是对梅妃的处境感同身受，就把自己所住的宫苑也命名为回心院，然后填了十首词来抒发情怀。这些词的内容，都是借日常生活中的起居小事来表达深宫幽怨的，比如有一首是写弹奏鸣筝的：“张鸣筝，恰恰语娇莺。一从弹作房中曲，常和窗前风雨声。张鸣筝，待君听。”大意是说，自己弹奏古筝很好听，但君王不来欣赏的话，只能和窗外的风雨声相伴和了。茕茕孑立，形影相吊，真的非常可怜。所以期待君王回心转意，来和自己重温旧梦。再比如有一首写晚上铺床的：“铺翠被，羞杀鸳鸯对。犹忆当时叫合欢，而今独覆相思块。铺翠被，待君睡。”这首表意就更加明确了，回忆起以前和夫君同床共枕，现在却孤枕独眠，看见被子上绣着成双成对的鸳鸯都很惭愧。其他几首所描写的还包括点燃香炉、亮灯剪烛、擦拭牙床等，都是很凄怨的文字，也很美。

萧观音填的这组表达深宫幽怨的词一共是十首，但这些词并不是我们所讲的《十香词》，《十香词》都是淫词艳曲，格调比这十首《回心院》词低得太多了。但是萧观音确实是因为这十首词陷入了冤狱中。这其中最关键的原因就在于，词需要谱曲才能唱出来，唱的时候必须有乐器伴奏，这就涉及“十香词冤案”当中的另一个受害人——赵惟一。

这个赵惟一是谁呢？他的身份是辽朝宫廷中的“伶人”，具体说是一个乐工。伶人在古代社会中的地位是很低的。别看他可能吃得好、穿得好，但士大夫乃至于普通百姓都看不起他们。一个男的如果走正道，你应该去读圣贤书、考科举取得功名啊，怎么能走这些供人取乐的歪门邪道呢？没出息。所以一般的人家，都不会让儿子走这条路。那么就剩下一些处境特别不好的，比如像罪臣家属这样的群体被迫进入这个行当。总之，大众很鄙弃这些人。萧观音通晓音律，应该自己也会谱曲，但她觉得自己的水平肯定比不上专业人士，就让乐工赵惟一来为自己的《回心院》词谱曲。选中赵惟一来谱曲，说明赵惟一的专业素养肯定比较高。赵惟一作为一个汉人乐工，大辽皇后选中自己为她写的词谱曲，受宠若惊的心情可以想见，当然是尽心尽力，精益求精。为词谱曲不是一朝一夕能完成的事。《回心院》词本来就比较多，有十首，加上谱曲的时候得不时和词作者商量，征求她的意见；意见不同了得辩论乐理；谱完了得试唱，需要伴奏；效果不是尽善尽美的话，还要多次修改。这些就要求词作者萧观音和曲作者赵惟一两人必须天天碰面，分工合作，“小红低唱我吹箫”。这种琴瑟和鸣，萧观音觉得是工作需要，光明正大，但在旁人看来难免有些嫌疑。更何况，后宫本来就是一个很大的是非窝，无风也起三尺浪，多少人天天伸长脖子等着看戏呢。你是皇后，他是奴才，你俩天天泡在一起，即便不是有私情，那也有失皇后母仪天下的体统。于是后宫和外朝，各有一个对他们怀恨已久的人觉得报复的机会来了，就跳出来内外串通，诬陷加害，最终使皇后萧观音和伶人赵惟一陷入“十香词冤案”。那么，这两个怀恨已久的人是谁呢？

先说这个在后宫的人，她可不是与皇后争宠的妃子，而是一个地位很低的侍婢，名叫单登。单登本来是辽道宗的叔叔耶律重元的婢女，擅长弹奏琵琶和筝。耶律重元因为起兵造反伏诛以后，单登就没入宫内，成了皇后萧观音的婢女。单登因为弹奏琵琶和筝的技艺高超，和作为同行的赵惟一就存在竞争关系，都想讨得主子的欢心。但萧观音一直更欣赏技高一筹的赵惟一，单登很不服气。萧观音有一次令赵惟一和单登对弹比试，单登明显处于下风，才无话可说。萧观音填了《回心院》词之后，谱曲找了赵惟一，没有找单登。这个单登心里老大不痛快，就对萧观音和赵惟一产生了怨恨。后来又发生了这么一件事：辽道宗可能以前听过单登的名气，想听单登当面弹筝，这可是单登人生当中的一大机遇，说不定就能飞上枝头变凤凰，就满怀期待地准备为皇帝弹筝，可是萧观音知道了，就劝谏辽道宗说，单登是罪臣的婢女，难保她没有心怀故主，万一让她得见龙颜，伺机行刺怎么办？辽道宗一听有理，这件事就这么黄了。萧观音觉得自己维护了朝廷的体统，可单登人生中的机遇就这么溜走了，心里自然对她恨之入骨。可人家是皇后，一个小小宫婢又能把人家怎么样呢？所以单登再恨也只好忍着，等待时机。日防夜防，家贼难防。身边有一个人老惦记着要害你，你就算百般小心，也难保不出什么纰漏，只要被她抓住把柄，那就是致命的。没过多久，单登就在她外朝盟友的指点下，精心策划了一个圈套让萧观音钻了进去。结果就是萧观音亲笔书写的十首淫词艳曲被单登呈递到了辽道宗面前；还有她自己写的一首诗，也被当作是私通伶人的罪证。辽道宗当即龙颜大怒，下令重惩皇后。那么，单登的外朝盟友究竟是何方高人？为什么他能让知书达理的皇后亲笔书写这些淫词艳曲呢？皇后的诗又写的是什么内容，以至于被当作是私通伶人、秽乱后宫的罪证呢？

二、皇后蒙冤

前面我们讲到，皇后萧观音因为对辽道宗多有规劝而被疏远后，作了十首《回心院》词展露衷肠，希望丈夫能回心转意，还找了宫里的乐工赵惟一来谱曲子。但就是因为和乐工长时间在一起研究新曲，不但在宫里有了流言，还让一直怀恨在心的宫女单登和当朝权臣耶律乙辛逮到了加害她的机会。在耶律乙辛的精心策划下，由单登具体执行，诱使萧观音亲笔书写了《十香词》，最后呈递到辽道宗面前，导致萧观音被赐死。这个阴谋实施的详细过程我们暂且按下不表。有一个问题可能会让大家产生疑问：宫女单登怨恨萧观音，是因为谱曲没找她，还把她给皇帝当面弹筝的机会给搅黄了；耶律乙辛是当朝的北院枢密使，作为外朝官员，按理说和萧观音没有什么交集，为什么要加害于她呢？

耶律乙辛要害萧观音，其实是项庄舞剑，意在沛公。他的目的是借扳倒萧观音，来除掉辽道宗唯一的儿子——当朝太子耶律浚。那么，耶律乙辛作为当朝权臣，肯定深知早点站队押宝才能保持权势的道理，对这位未来的皇上本该是倾心归附、全力巴结才对，怎么却要除之而后快呢？这还得从当时的朝局说起。

耶律乙辛当时担任辽朝的北院枢密使，按照辽朝的体制，这是主管全国军政的最高官员。耶律乙辛的出身并不是显贵之家，能坐上这个位子，自然有他的过人之处。他外表俊朗，聪慧狡黠，辽兴宗在世的时候，他担任耶律洪基的护卫太保，和耶律洪基自然是过从甚密。在平定重元之乱的时候，又拼死护驾，立了大功，被提拔为南院枢密使，这是仅次于北院枢密使的辽朝二把手了。当时的北院枢密使是辽代名臣耶律仁先。耶律乙辛能做到位极人臣，除了靠对耶律洪基的“忠”之外，还要靠他的奸。耶律乙辛当南院枢密使三年，就进谗言让辽道宗耶律洪基贬斥了忠直的耶律仁先，让他到外地去当官，自己当上了北院枢密使。从此专擅朝政十余年，大批正直的臣子或被杀掉，或被逐出朝廷，而耶律乙辛的党羽，比如像辽代名奸张孝杰那样的人，被大量提拔到要害部门，主管朝政，整个朝廷一片乌烟瘴气，耶律乙辛几乎可以为所欲为了。辽道宗耶律洪基只看到耶律乙辛对自己服服帖帖，也就乐得省心，整天打猎、作诗、拜佛，朝政交由耶律乙辛他们去折腾。这样，耶律乙辛的畅快日子过了十几年。但是，有一个会对他的权势产生影响的问题是回避不了的，它总是要出现，这就是皇帝接班人的问题。

根据辽朝的政治传统，皇帝的继承人很早就要接受锻炼。像辽道宗耶律洪基本人，十二岁就总知北、南院枢密使事，就是对全国军政事务负总责。即使因为年龄太小不能实际任事，但慢慢参与国家大事，接受熏陶肯定是必需的。所以，在公元 1075 年，辽道宗任命自己唯一的儿子、时年十八岁的太子耶律浚总领北、南两枢密院事，和他当年的职责一样，总管全国军政。这样一来，耶律乙辛不高兴了，为什么呢？

我们知道，历朝历代的奸臣想要弄权干政，必须有个昏君给他这个发挥的空间。耶律乙辛能专擅朝政、结党营私十几年，和辽道宗的宠信是分不开的。现在辽道宗让太子总领朝政，就自然会对耶律乙辛形成牵掣。而且太子耶律浚和他父亲耶律洪基很不一样。第一，他已经十八岁了，有能力对政事作出自己的判断和决策，不像他父亲当年只是名义上总领朝政。所以耶律乙辛不大可能操纵他。第二，这位太子能力比较强，不简单。他不但武略过人，而且好学知书，处理起朝政来有章有节，法度修明，所以他总领朝政不久，被昏君和奸臣弄得乌烟瘴气的朝廷，就表现出了一些新气象。耶律乙辛看到这个局面，当然是如临大敌。明君在位，他这个奸臣还怎么施展拳脚？所以，他就心里算计着怎样才能把太子给搞垮。可这件事难度很大，太子耶律浚是皇帝唯一的儿子，辽道宗的舐犊之心当然很盛，不太容易离间；耶律浚平时也不胡作非为，很难抓到把柄。再说了，耶律浚总领朝政不久，自己这个首席大臣就发难，谁都看得出来这是因为太子挡了他的道，他挟私报复。所以，这件事还得另外想办法。正在耶律乙辛等待机会的时候，发生了皇后萧观音被辽道宗疏远，谱写《回心院》词的事。对于耶律乙辛来说，简直就是瞌睡来了有人送枕头。前面我们说过，宫女单登因为萧观音找赵惟一谱曲而不找她，早就心存怨恨。于是就经常在自己的姐姐清子面前说皇后和赵惟一关系不正常。这个清子一向和耶律乙辛私通，就吹枕边风，把这话传到了耶律乙辛这里。耶律乙辛听得直拍大腿，这不就是我一直苦等的机会吗？可耶律乙辛毕竟有多年官场斗争经验，知道单凭这捕风捉影的小道消息，是不可能扳倒皇后的，弄不好还得把自己给搭进去。这事必须弄成铁证如山才行。耶律乙辛知道皇后萧观音喜欢写诗填词，最近又因为受冷落而满腹幽怨，肯定要发出不平之鸣，于是就想出了一条毒计。

耶律乙辛找了一些文人，创作出十首淫词，号称《十香词》。为什么叫《十香词》呢？因为这十首词，分别从头发香、乳香、腮香、颈香、吐气香、口脂香、玉手香、金莲香、裙内香、满身香等十个方面，描写了女人的风韵。从描写的部位我们就能看得出来，这十首词格调不高。至于具体内容，也是暧昧香艳，有的描写极为露骨，不堪入目。耶律乙辛的毒辣之处在于，这套《十香词》，和萧观音所写的十首《回心院》词风格相似，而且也符合萧观音目前深宫幽怨、期待再承恩宠的处境。说这些淫词是皇后写的，有一定的迷惑性。

这十首淫词创作出来以后，耶律乙辛这边就分头行动了。单登去找萧观音，把《十香词》给她看，然后骗她说，这是宋朝皇后写出来的十首词，我想请您把它书写出来。您擅长书法，宋朝皇后的词也写得绝佳。二者结合，那就堪称是“二绝”了。萧观音读了《十香词》之后，觉得这些词香艳低俗，但却胜在描写真实，加上又是宋朝皇后所作，她觉得这个母仪天下的女人想必也和她一样寂寞深宫、满怀幽怨，就不免有物伤其类之感。于是，怀着这些复杂的思绪，她很用心地把《十香词》手写了一遍。写完之后，可能是心情还未平静，就把自己所写的一首诗《怀古》附在下面。这首诗是这么写的 :“宫中只数赵家妆，败雨残云误汉王。惟有知情一片月，曾窥飞燕入昭阳。”这首诗，是感叹西汉成帝和他的两个宠妃赵飞燕、赵合德姐妹的事。汉成帝沉迷酒色，赵氏姐妹专擅后宫，与汉成帝荒淫无度，弄权误国。诗的后两句是讲自己身为后宫之主，并未像赵氏姐妹那样弄权误国，却被夫君冷落。自己的一片真心，只有天上的一片明月才能了解。从这首诗的水平看，萧观音的才情确实是不同凡响，可正是因为这首诗里的不平之鸣，为自己的杀身之祸埋下了伏笔。

单登得到萧观音的手书诗词，简直可以说是喜出望外。因为她本来只是想让萧观音手书《十香词》，谁知萧观音还附赠了一首自己写的诗。单登就拿着萧观音的手书，乐颠颠地去给自己的姐姐清子看，说 : 老东西的淫乱物证我已经拿到了。当今皇上本来就猜忌多疑，再加上有了这个，早晚有一天会看到老东西死于三尺白绫之下！这个“老东西”指的就是皇后萧观音，其实当年萧观音只有三十多岁，但在那时已经不算青春鼎盛了。单登这些话，表现了她的歹毒，同时也说出了另一个置萧观音于死地的关键因素，就是辽道宗的猜忌多疑。恶婢、奸臣加上昏君，萧观音的悲惨结局可以说就此注定了。

耶律乙辛得到萧观音手书后，首先，让单登和清子的丈夫，也就是宫廷里的伶官朱顶鹤到自己所把持的北枢密院去控告皇后萧观音和伶官赵惟一有奸情，此事有淫词《十香词》为证。这个朱顶鹤，被耶律乙辛戴了绿帽子还给他当枪使，当然有自己的私利在。他和赵惟一之间也存在竞争，争宠争不过，那就下黑手，顺便捎带上不给自己表现机会的本坊入内承直高长命，一起加害。接着，耶律乙辛作为北院枢密使，把这事先报告给皇帝，说有人告皇后秽乱后宫；然后又上了一份密奏，添油加醋地把这事给皇帝说了一遍，内容也更加不堪。大概是说伶官赵惟一勾结高长命，一直想得到皇后赏识。去年九月趁皇上出宫的时候，赵惟一公然以给皇后弹筝的名义进入皇后寝宫，一直从早上七点待到次日三更。起先还隔着帘子研究给词谱曲的事，后来天黑了，皇后就屏退侍从，赵惟一进入内帐，脱去官服，两人穿着情侣装饮酒谈笑。最后吹灭了灯，帘子一拉，不知道在里面干什么事。那晚宫女单登正好值班，觉得可疑就偷偷在外面听，两人的对话简直是不堪入耳，而且估计有淫乱之举。到了四更，皇后才把帐子揭开，让单登把“酒醉”的赵惟一叫醒。单登拍了赵惟一好多下，他才佯装酒醒，谢恩辞出。后来皇上回宫了，皇后还召见过他几次，但都没再敢进入帐内。所以皇后就很怀念那晚的美好时光，写了一组淫词《十香词》赐给赵惟一。赵惟一得意忘形，把这词拿给他的同僚朱顶鹤炫耀。朱顶鹤很有责任感，觉得这事简直是逆伦败德，就一把抢过这些诗词，让他的妻子清子去问妹妹单登。单登害怕事情败露以后牵连到自己，就把事情的原委全讲了，还苦口婆心地规劝皇后，不料皇后不但不听从规劝，还恼羞成怒，把单登痛责了一顿。朱顶鹤和单登知道朝廷的规矩，害怕以后皇后的丑事东窗事发，自己也肯定不能免受株连，就到北院来控告了。我们看看这些剧情，恐怕连优秀的编剧也要佩服这个奸臣的想象力，编得真是活色生香、丝丝入扣。介绍完“案情”，耶律乙辛还说了一番火上浇油的话：皇上您的道德比天还高，中外远近寡妻匹妇都受到您的感化而恪守妇道；如今在后宫如此深密的地方，居然有这样的丑事发生，流言四起。这事您要认真对待，不然全天下的风化怎么维持呢？耶律乙辛不愧为辽代第一奸臣，不但造谣歪曲的本事出神入化，而且抓住了皇帝的心理：你不是自诩德化天下吗？连深宫之内都不能维持风化，你的脸还往哪儿放？

果然，一向自负的辽道宗听了耶律乙辛的密奏，勃然大怒：皇后居然敢给我戴绿帽子，是可忍，孰不可忍！他马上把萧观音叫来，拿着《十香词》问：这是怎么回事？萧观音一看，这才如梦方醒，知道自己跳进了单登布下的陷阱，然而此时，“人证”“物证”俱在，自己已是百口莫辩，她放声痛哭，对辽道宗说，我托身于君王，可以说已经是女人所能受到的最高荣宠了。况且我生下了皇太子耶律浚，他都马上要有孩子了，我儿孙满堂前，怎么会去做淫乱败德的丑事呢？辽道宗此时已经被耶律乙辛的密奏洗了脑，气昏了头，哪里肯相信萧观音，拿着《十香词》呵斥萧观音：这明明就是你写的，你还抵赖？萧观音说，这些字是我写的，但词的内容不是我创作的，而是宋朝皇后写的。皇上您看，《十香词》里有一句“既摘上林蕊，还亲御院桑”，我们国家根本没有养蚕，我的词里怎么可能有亲近桑树这样的话呢？这本来算是一个比较有力的辩解，但辽道宗此时已经被气昏了头，不但不信，还振振有词地责骂说，词的套路不就是以无为有，无病呻吟吗？国家无桑，不妨碍你词里面有桑。再说了，词里面不是有“凤靴抛合缝”一句吗？按照你的说法，有实事才有词，那你脚上穿的不就是合缝靴吗？可见是真有其事！说完，命令左右对萧观音施以铁骨朵之刑。铁骨朵是一种用八片熟铁合成的兵器和刑具，萧观音一个大家闺秀的弱女子，哪里承受得了这个，当场被打得昏死过去。辽道宗马上下令，让耶律乙辛和当时的参知政事张孝杰负责审理此案。

辽道宗此举，真是昏了头了。此事就是耶律乙辛告发的，诸般诋毁说明耶律乙辛已经坐实了皇后和赵惟一通奸。怎么能让控告者当审理者呢？那审判结论还用说吗？张孝杰也是耶律乙辛的死党，他怎么可能为皇后辩白申冤呢？看来，辽道宗的态度其实已经比较明确了：我相信这事八成是真的，皇后是有罪的，你们就替我去搜集她的罪证吧。

耶律乙辛和张孝杰领受了这个任务后，自然是正中下怀，绞尽脑汁去想怎么让赵惟一招供。办法其实很简单，“捶楚之下，何求不得”，就是严刑逼供。他们把赵惟一抓到牢里之后，严刑拷打、三推六问自然是不在话下，更使用诸如用铁钉钻、用火烫这样的非人手段。赵惟一只是一介伶官，哪里经得住这个，很快诬服，承认自己和皇后有奸情，至于那些具体过程，比如怎么勾结高长命、怎么以调曲挑动皇后等，耶律乙辛说什么他认什么，只求速死。耶律乙辛和张孝杰等赵惟一在供状上画押后，马上就向辽道宗报告说，皇后和赵惟一私通这事是真的，皇后写《十香词》就是为了表达对赵惟一的怀恋。不料这个时候，辽道宗却产生了疑问，疑点在皇后手书《十香词》之后写的那首《怀古》诗上。从这首诗表达的意思来看，皇后对赵飞燕那样的人是不齿的。既然不齿赵飞燕，那又怎么会做出淫乱后宫的事呢？耶律乙辛没想到，一直被自己糊弄得团团转的皇帝居然也有小聪明的时候，猝不及防，一时还被问住了。这个时候，和耶律乙辛狼狈为奸的张孝杰来为他补台了。张孝杰说，皇上，这首诗就是皇后和赵惟一有私情的铁证，您看，“宫中只数赵家妆，惟有知情一片月”这两句，里面就嵌着“赵惟一”三个字。皇后就是这样来表达思念赵惟一之情的。听了张孝杰的分析，辽道宗“茅塞顿开”，觉得幸亏自己任用了这样的“人才”，才能洞察奸情。于是“上意遂决”。他的决心一下，萧观音的脖子就挂在三尺白绫上了。

根据辽道宗的旨意，耶律乙辛和张孝杰很快就对案件作了判处。赵惟一淫乱后宫，与皇后私通，罪大恶极，处以“族诛”，就是灭族。高长命身为教坊的负责官员，为赵惟一接近皇后提供方便，处以斩刑。皇后萧观音身为国母，居然与伶人私通，秽乱后宫，当然也是罪不容赦。但毕竟是一国皇后，为了这种事明正典刑影响也不好，赐予其三尺白绫，让其自尽。这判决一下，赵惟一和高长命不用多说，很快就身首异处。可赐皇后自尽的命令一出，吓坏了太子耶律浚和萧观音所生的几位公主，母亲一向正派贤明，他们怎么能眼睁睁地看着母亲含冤受死呢？耶律浚带着自己的几个妹妹，披头散发（这是古代人表示自辱服罪或悲痛胆寒的一种方式），长跪在皇宫门外，泪如雨下，苦苦请求父皇赦免母亲的死罪，他们甚至情愿代母亲去死。耶律浚是辽道宗唯一的儿子，他的哀求能不能感化辽道宗呢？萧观音能否因为儿女们求情死里逃生呢？

三、太子遇害

在上一节我们讲到，耶律乙辛和张孝杰受命查办皇后萧观音与伶官赵惟一的《十香词》一案。我们知道，诬陷皇后是耶律乙辛一手策划的，张孝杰又是耶律乙辛的死党，所以案子还没查，结论就已经确定了。他们对伶官赵惟一严刑拷打，让赵惟一屈打成招，供认私通皇后。然后，就打算把这事上奏皇帝。皇后的命运也就此定格了。

耶律乙辛和张孝杰正要喜滋滋地把供状上奏，当时朝内一个忠直的大臣、担任北院枢密副使的萧惟信听说了此事，赶紧跑来劝耶律乙辛和张孝杰说，皇后萧观音贤明稳重，整个后宫都比较整肃，况且她生下的儿子已经成为储君，这是国家的根本。单登只是叛臣耶律重元家的婢女，你们怎么能听她的一面之词就动摇国本呢？我们作为大臣的，正应当明察秋毫，为皇后洗雪冤屈，把这些诬告的小人千刀万剐，以报效国家，端正朝纲。萧惟信的这番话，入情入理，语重心长，体现了大臣之风。他大概是想以大义感召，或者至少是分化一下耶律乙辛和张孝杰。因为张孝杰是以儒业起家，中了进士第一而当官的，应该深知大义。只可惜，萧惟信不了解，这个案子是耶律乙辛一手策划来诬陷皇后的，他怎么可能听直言劝告呢？张孝杰虽然没有参与策划此案，但他是耶律乙辛的死党，在朝中贪污纳贿，无所不为，靠的全是耶律乙辛包庇，所以这两个人的狼狈为奸，是无法分化的。最后两个奸臣还是以赵惟一认罪伏法，皇后和赵惟一确有奸情上奏。

辽道宗耶律洪基接到耶律乙辛和张孝杰的报告，当然是暴跳如雷，当即下令将赵惟一灭族，将高长命斩首，皇后萧观音赐令自尽。这个命令吓坏了太子耶律浚和他的妹妹们，他们披发伏地，在皇宫外长跪不起，求父皇饶了母后的性命，并表示如果父皇一定要处死母后，他们愿意代替母后去死。太子耶律浚和公主们的苦苦哀求并没有打动辽道宗，他反而义正词严地说，我作为皇帝君临天下，臣妾可以说是不可胜数。如今连后宫里我的正妻有秽乱之行都无法防止，还有何面目做天下之主呢？

萧观音知道了夫君决绝的态度，知道事情已经无法挽回，就发出了生命中最后的绝唱，写了一首被后世称为《绝命词》的长词，大意是说，入宫承受皇帝的恩泽，本来是无比的幸运，可我却因此遭受厄运，难道是我命薄吗？奸臣诬陷我，是为了动摇国家的根本，这事虽然累及了皇帝的脸面，可我真的没有做对不起国家的事情。普通女子遭受这样的诬蔑，尚且如同晴天霹雳、六月飞霜，更何况我是一国皇后呢？我恨不得剖开胸膛让皇帝看看我清白的内心，但我只能遗恨离去。

萧观音的《绝命词》，一方面是对自己悲苦结局的哭喊；另一方面，也表现出自己的政治见识，她知道耶律乙辛等人诬陷自己，其意不在于后宫，而在于国之储君——太子。耶律乙辛构陷自己只是第一步，后面还会有更加凶险的举动。后来事情的发展，证实了萧观音的预见。当然，《绝命词》中最让人震动的还是萧观音在悲苦之中的绝望感悟：知吾生兮必死，又焉爱兮旦夕！就是说，知道人早晚都要死去，又何必留恋与心爱之人朝夕相处呢！这种大彻大悟的表述，其实让她的心如死灰显露无遗。在写完这首词以后，萧观音闭上宫门，以白练自缢而死，时年三十六岁。萧观音死了以后，辽道宗仍然觉得不解气，命令将皇后的尸体不着衣服，以一卷苇席裹了送回她的娘家以示羞辱。意思就是说，你活着的时候没有廉耻，死了也就不需要什么脸面了。他的绝情一至于此。萧观音这一生，是名副其实的赤条条来，又赤条条去，做了皇后又不得善终，命运的强烈反差，让人感慨。

我们简单反思这个案件，除了奸臣的构陷不用多说外，还发现有一些特殊的因素不可忽视。比如，辽朝宫廷里的男女之大防，不如中原那么严格，所以伶官（一般为男性）可以进入后妃的宫帐，让奸人构陷很容易据有口实。另外，宫女单登本来是叛臣耶律重元的婢女，耶律重元落马后却可以进入宫廷侍候，这在辽代还比较普遍。古人有一句话叫"刑臣不在左右"，就是犯了罪的臣属，哪怕要受罚降为奴隶，也不能让他们在左右伺候。为什么呢？很简单，你不怕他们突然复仇吗？即使没有直接动刀动枪，你不怕他们从中坏事以行报复吗？所以犯罪受刑的臣妾，不能让他们太接近权力核心，单登诬陷皇后，可谓是血淋淋的教训了。

皇后因为《十香词》而含冤自尽，听说此事的人无不觉得可惜，皇太子耶律浚更是痛断肝肠、伏地大哭，愤激之下，说了一句给自己招来杀身之祸的话：杀害我母亲的是耶律乙辛，他日如果我不诛杀此贼，愧为人子！这话传到耶律乙辛耳朵里，可想而知，他诬陷皇后本意也在除掉太子，现在太子又这么说，那他就加快了谋害太子的步伐。

公元 1077 年，也就是皇后萧观音死后一年多，耶律乙辛精心谋划得差不多了，便着手实施谋害太子的计划，总体思路还是他的惯用伎俩：诬陷。他无中生有地给太子加了罪名，并散布谣言：朝中有几个大臣与太子密谋，想杀害执政大臣耶律乙辛，然后把辽道宗废掉，让太子耶律浚登基为帝。辽道宗一听，大为紧张，马上让官员去查办此事。但是查来查去，都是事出有因，查无实据，没办法给那几个大臣定罪，当然就更谈不上处置太子了。不过，帝王之家，儿子逼父亲退位的事真是史不绝书。所以，为了以防万一，辽道宗还是把涉及此事的几个大臣都贬了官爵，发配到地方上任职，逐出了朝廷。从这里我们也能看出来，辽道宗生性多疑。虽然查无实据，还是要采取措施以策万全，说明他对涉及自己帝位的事情极为敏感。此时，虽然我们不能说辽道宗已经在怀疑儿子了，但从他的处理来看，他是宁可错杀一千，也绝不放过一个，这为耶律乙辛继续陷害太子留下了空间。

耶律乙辛看到辽道宗只把自己必欲除之而后快的几个大臣逐出了朝堂，太子毫发未伤，自然是不肯善罢甘休。于是又想出更恶毒的一招：指使党羽做“污点证人”去指控太子谋逆。别人控告太子有异志你皇帝不相信，现在当事人自己现身说法你该相信了吧。果然，这招管用。耶律乙辛的党羽萧讹都斡和耶律塔不也入宫面见辽道宗“自首”，告诉皇帝说，以前有人控告说某些人想拥立太子，把皇帝废掉，这些都是事实，我俩也参与了其事。现在看到那些谋乱者已经受到了严惩，我俩害怕被灭族，良心发现，所以来自首。辽道宗看到有人自己跑来承认这事，当然是疑心大起，唯一的儿子也不能信了，就下令限制太子的人身自由，让大臣耶律燕哥去查问此案。

对这个案件的查办，其实主要分两部分处理：一部分是处理所谓“太子党”，即拥护太子的朝臣；另一部分是处理太子耶律浚。对于拥护太子的朝臣，耶律乙辛已经通过诬告使辽道宗将他们贬为地方官了。这次旧案重起，辽道宗居然又令耶律乙辛负责办理。那耶律乙辛怎么可能再让他们有活路呢？严刑拷打、非人折磨，让这些人都屈打成招了。耶律乙辛向耶律洪基上奏说，这些人对于拥立太子、废黜皇帝的图谋供认不讳，辽道宗大怒，下令把这些人马上处死。耶律乙辛不愧为辽代第一奸臣，听皇帝这样说了之后，还假惺惺地表示：事关重大，要不再审一下？辽道宗感动得眼泪都快出来了：这些人想杀死你，你还对他们这么负责，这样的忠臣上哪儿去找？你去再审吧。耶律乙辛就把这些人从牢里提出来，在衙门审问。耶律乙辛用绳子勒住他们的脖子，再给他们加戴上很沉重的木枷，这些人连气都喘不上来，根本受不了这样酷毒的折磨，一个个往自己身上揽罪责，只求速死。耶律乙辛就向皇帝报告说，再审过了，他们还是供认不讳。辽道宗说，那还等什么，马上处死。耶律乙辛拿到了“尚方宝剑”，趁机大开杀戒。除了这次涉事的朝臣，平日里和他不大对付的、不太顺从他的，也一概被列入“太子党”而被杀害。当时正值盛暑，由于杀的人太多，尸体掩埋不及时，地上的土都变臭了。

对于皇太子耶律浚本人的处置呢？前面我们说过，辽道宗限制了耶律浚的人身自由，拘于别室，然后派大臣耶律燕哥去审理。这个耶律燕哥是近支皇族，与耶律浚同属耶律阿保机之父耶律匀德实的七世孙，当时担任主管全国刑狱的左夷离毕。他去审太子耶律浚，问耶律浚为什么图谋废掉皇帝而自立？耶律浚看到耶律燕哥来了，起先还挺高兴。因为自从母后萧观音被赐自尽以后，他一方面很悲痛，另一方面也忧惧不安。古代的宫廷是母以子贵，子以母贵，母子是一体的，现在母亲因“罪”赐死，他的地位也难保。父皇只信耶律乙辛，而且自己现在被拘于别室，想找父亲辩明都没机会。现在看到自家兄弟来了，还以为有了申冤的机会，就推心置腹地对耶律燕哥说：我是父皇唯一的儿子，又早已被立为太子，还有什么更高的要求，而去做谋废父皇的事呢？这都是奸臣诬陷，离间我们父子，你与我是自家兄弟，请顾念我无辜受冤枉，把我的意思转告给父皇。

耶律浚的这番辩白，入情入理。如果真能传进辽道宗耳中，说不定能让他有所醒悟，珍惜这个唯一的儿子。但耶律燕哥早已党从耶律乙辛，哪里会把这样的辩白转告呢？他和耶律乙辛的另一个死党萧十三商量后，颠倒黑白，向辽道宗汇报说太子已经招供，承认参与了“谋废立”一事。

辽道宗一听，当即大怒：你都已经是太子了，还这么迫不及待想害我，你不顾念父子之情，那我还有什么好犹豫的呢？当即下诏，将太子耶律浚贬为庶人，迁往上京囚禁，等候进一步处理。从这样的处置我们可以看出来，虽说帝王之家一旦涉及权力争夺，根本没什么亲情可讲，“虽有亲父，安知其不为虎；虽有亲兄，安知其不为狼”，但辽道宗对儿子的处理还是留有余地的，毕竟他只有这么一个儿子，如果把他杀了，换谁来继位都等于是把江山给了外人，那和被自己的儿子逼退又有什么区别？所以，他对太子的处置是贬为庶人加以圈禁，日后再根据太子的表现和他自己的心境变化来调整惩罚措施，假以时日，如果憎恨慢慢减退，老牛舐犊之情日长，说不定会有父子和好的一天。但是，辽道宗没有想到，自己的这个处置竟让儿子落入了耶律乙辛的魔掌；把儿子迁往上京，竟然会是父子永诀。

辽道宗的命令一下，耶律乙辛马上命令自己的党羽萧十三、萧得里特、萧达鲁古等人押送太子到上京囚禁。太子在被押送登车时，仰天长叹自己无罪，萧得里特知道他们和耶律乙辛结党迫害太子是引起众怒的事，就催促太子赶快上车，然后关上车门，一路上都不许他下车，全程始终对太子加以凌辱，饮食也不令周全。同时，耶律乙辛通知了自己的另一个党羽——上京留守萧挞得，让他对太子严加看管。所谓严加看管，就是不能让太子和外界发生什么联系，更不能让他有机会向皇帝辩冤。一切安排停当之后，耶律乙辛觉得大局已定，一方面大肆搜捕所谓“太子党”的人，另一方面和同党庆功，日日大宴欢饮。这样过了几个月后，突然有一天，耶律乙辛想起死党萧十三对他说过的一席话，就马上扔掉酒杯，布置对太子进一步的加害行动。

萧十三对耶律乙辛说过什么呢？就在耶律乙辛谋害皇后即将得手的时候，萧十三告诉他要“放眼长远”。萧十三说，太子在朝廷很得人心，大王（指耶律乙辛，曾被封魏王）你目前虽然权势很盛，但毕竟不是出自权贵之家，并没有多少靠山。一旦将来太子继位，你恐怕要死无葬身之地了。耶律乙辛心想，是啊，太子虽然被废，但毕竟是皇帝唯一的儿子，难保哪天皇帝顾念父子情分，原谅了太子，授位于他。所以如果想安枕无忧，就必须永绝后患。想到这里，耶律乙辛马上把党羽萧达鲁古找来，让他立刻去上京，会同上京留守萧挞得，并且找几个大力士，去圈禁之地见太子。他们骗太子说，辽道宗有诏书来，然后把太子带到外面，杀掉了。耶律浚从总领朝政到最后被害，前后不过两年时间，遇害之时，年仅二十岁。太子之死，比他的母亲萧观音更加悲惨，他被害以后，萧达鲁古把他的头割了下来，装在一个盒子里，带回中京向耶律乙辛复命。上京留守萧挞得则按照耶律乙辛的授意，向辽道宗汇报说太子是染病身亡。辽道宗知道这个消息，不管他多么的昏聩，也不管他多么憎恨太子，唯一的儿子死了，对他的打击和震动是可以想见的。他悲悼了很久，就派人去传召同在圈禁之地的太子妃萧氏，不知是对儿子的死有所怀疑，还是内心的丧子之痛不能自已，他说要同儿媳妇当面谈谈，了解一下儿子在圈禁之地的生活，以及“病死”的详细情况。辽道宗的这个旨意让耶律乙辛及其党羽非常紧张：如果让太子妃见到皇帝，那还不把他们谋害太子的实情和盘托出？于是又赶紧行动，派人去上京，把太子妃也杀了灭口。

短短两年时间，辽道宗的家庭变故不可谓不惨烈：先是妻子萧观音被赐自尽；接着儿子耶律浚先是获罪，后又被杀害；最后儿媳妇萧氏也被杀人灭口。这个大辽国的“第一家庭”，本来就人丁单薄，经此一番变故，辽道宗真的快变成孤家寡人了。不过，这么惨烈的家庭变故，似乎在当时并没能让辽道宗对耶律乙辛产生怀疑。他还是把耶律乙辛当作能洞察奸宄，为保住自己皇位立下不世之功的大忠臣而倍加宠信。耶律乙辛的死党张孝杰，辽道宗认为他堪比唐代的狄仁杰，还赐姓名为耶律仁杰。狄仁杰如果泉下有知，恐怕也要被昏君奸臣气得改名了。

这个悲惨的案件，直到很久以后才出现了亡羊补牢的剧情反转。这全都因为太子耶律浚在被害之时所留下的孤儿耶律延禧。我们说过，辽道宗的“第一家庭”人丁不旺，耶律浚是他唯一的儿子。萧观音、耶律浚母子被害之后，辽道宗在耶律乙辛的安排下，先后新宠了两位后妃，但都没能为他诞下子嗣。因此，父母双双遇害的耶律延禧和妹妹就受到了特殊的对待。随着年事渐高，辽道宗对自己的骨肉亲情难免越来越看重，而耶律延禧是自己唯一的直系男性子孙了，江山不由他来继承，还能给谁呢？其间，耶律乙辛曾经谏言，让辽道宗立辽兴宗的孙子，也就是侄子耶律淳为皇储。辽道宗虽然昏聩，但在继承人这个问题上却没有被耶律乙辛糊弄，他坚持立自己的孙子耶律延禧为皇储。并且，经过忠臣萧兀纳的提醒，由此对耶律乙辛的用心也产生了怀疑。那么，萧兀纳是怎么让皇帝明白耶律乙辛的险恶用心呢？

这也是因为耶律乙辛太过心急，露出了马脚。在辽道宗在位的晚年，有一次要远离上京去打猎，和耶律乙辛商量此次行程及哪些人随行，在要不要带皇孙耶律延禧的问题上，耶律乙辛就说，皇孙年纪太小，出去打猎带着不方便，不如就把皇孙留在上京。这糊涂的辽道宗居然就同意了。萧兀纳知道了这件事，赶紧来见辽道宗，他说，您出去打猎，不带着皇孙是不太合适的。如果您非要留下皇孙，我愿意随皇孙留守上京。辽道宗一听此言，方才如梦初醒，知道了问题的严重性：皇孙年幼，如果自己远出在外，又没有可靠的人看护，那万一有个闪失，可是难以承受的后果。儿子已经被自己杀了，难道还要再失去孙子吗？让皇孙留在上京，是让他身处险境，那这个出主意的耶律乙辛，到底是何居心呢？自此开始，辽道宗才渐渐怀疑耶律乙辛到底是不是他以前深信不疑的忠臣，慢慢地开始提防耶律乙辛了。在专制集权时代，皇帝开始提防你，那就是戴着有色眼镜看你了，你越位高权重就越危险。不久，耶律乙辛就因私藏铠甲被人告发，获罪受刑，被迁到外地囚禁起来；后来又因将违禁物品运往宋境被赐死，算是得到了应有的下场。

可是，这对于大辽王朝的大势已经意义不大。耶律乙辛专擅朝廷十几年，大批正直的大臣要么被杀，要么被逐出朝廷。大辽王朝的国势，早已江河日下。辽代的道宗朝所发生的“十香词冤案”，是辽道宗的家庭悲剧。同时，对于大辽王朝来讲，也是一个国家悲剧。

第八讲

天祚朝『文妃案』

一、天祚朝“文妃案”（上）

公元1121年正月，距离雄踞中国北方二百余年的大辽王朝灭亡仅剩下四年时间。这时候的辽朝因不断受到金朝的打击，已经是风雨飘摇了。就在几个月前，打得辽军晕头转向的金军在金主完颜阿骨打的率领下，势如破竹，只用了半天时间就攻破了辽五京之一的上京临潢府；接着又攻下祖州、庆州、怀州等地，这些地方埋葬着六位辽朝皇帝，又是耶律氏皇族的发祥地，惨遭金军蹂躏。按道理来说，在这个王朝命运悬于一线的时候，内部更应该同仇敌忾、勠力克敌，可是却发生了一件惨烈的争储案件，弄得皇族内部人心离散、土崩瓦解。争储本来是皇权制度下必然的附带品，并不稀奇，可这个争储案件，其后果之惨烈却非同一般，它不但导致皇帝杀妻灭子，还让多位皇族成员送了命，甚至让金朝得到了打击辽朝的一件有力武器，葬送了辽朝江山。这是怎么回事呢？

这个案件发生的时候，坐在辽朝最后一把龙椅上的，是时年四十七岁的天祚帝耶律延禧。在位的几十年中，他除了打猎和游乐，基本上没有做什么值得书写的大事。那么这个人怎么有“魄力”做出杀妻灭子的事呢？说到底，这和争夺皇帝宝座有关。

一般来说，虽然太子之位空缺，但天祚帝以后的这个皇位，其实本不该有什么争头。太子之位空缺，是因为皇后无子。天祚帝的皇后萧夺里懒生第一个儿子时，天祚帝本人才十三岁，皇后比天祚帝还小，更是先天不足了，所以生了两个皇子，都没能幸存下来，先后夭折了。皇后本人经过几次折腾，也不能再生育。因此，就一直没立太子。但是没有太子，并不表示看不出储君是谁。按照一般的皇位继承规则，如果皇后作为正妻，没有存留下嫡子，那就应该在其他几个地位一般高的妃子所生皇子中挑选，让年龄最大的儿子作为储君，继承皇位。天祚帝的儿子不算少，除了皇后所生的两个夭折的小皇子外，还有六个皇子。其中，德妃萧师姑所生的耶律挞鲁年龄居长，当然最有优势。而且他也被天祚帝封了燕国王，先于诸皇子一步封王，在继承大统上很有优势。只可惜，公元 1104 年，也就是天祚帝即位后的第三年，年仅九岁的耶律挞鲁病死了。他的母亲德妃萧师姑承受不了丧子之痛，不久后也离开了人世。有皇子傍身的，只剩下文妃萧瑟瑟和元妃萧贵哥两人。文妃萧瑟瑟生有一子耶律敖卢斡，元妃萧贵哥生有二子耶律定和耶律宁。天祚帝还有两个儿子耶律雅里和耶律习泥烈，但因为母亲地位卑微，在争储之战中没什么优势，可以忽略不计。这几个儿子当中，被封为晋王的耶律敖卢斡年龄居长，而且“有人望”，其母文妃又最受天祚帝宠幸，竞争优势是最大的，如果不出意外，他日继承大统应该问题不大。可是，耶律敖卢斡却在公元 1122 年正月，也就是在其母文妃被杀后一年，被天祚帝下令处死了，这就是我们要讲的“文妃案”，这是争储导致的残酷结局。

按理说，只有皇子才有可能继承皇位，那盯着皇帝宝座的也应该是皇子。可事实上，这个争储过程颇有点“皇帝不急太监急”的意思。也就是这几个皇子自己可能对皇位没那么上心，但是他们的亲戚却都急得不得了。文妃这边，主要是文妃和她的妹夫耶律余睹；元妃这边，元妃本人也没有那么热衷于让自己的儿子上位，可是她的哥哥萧奉先却一定要让自己的外甥当储君。这除了为本人的荣华富贵考虑之外，更主要的，是契丹后族势力内部争斗的需要使然。文妃和萧奉先各属于后族中的一派势力代表，两派争斗由来已久，必须争得储君之位，才能在后族内部占得上风，从而掌控辽朝国政。这又是怎么回事呢？让我们先从辽代的后族说起。

建立辽朝的契丹民族是游牧民族，受到母权政治的影响比中原王朝要大，所以契丹的皇后一族就掌握了很大的政治权力。简单点说，辽朝内部，由耶律氏皇族掌握皇权，萧氏后族掌握后宫以及由皇后的父兄担任政府首脑——北府宰相。根据辽朝体制，北府宰相之上还有北院枢密使和南院枢密使，是辽朝最高军政长官。但北府宰相也是位高权重，所以，契丹的后族掌握了相当大的政治权力，对辽朝政治发挥着重要影响。

说到这里，可能就会有读者觉得契丹的后族干政和汉族王朝的外戚专权有点像，都是皇后的父兄垄断权力。其实还不能这么说，因为契丹的后族人数非常多，不是某个皇后的家人，而是差不多占到了契丹人口的一半。可想而知，这么多人不可能都有干政的机会。所以，后族势力的核心才是后族权力的掌有者，即所谓“二国舅帐四房”，包括国舅大父房、国舅少父房、国舅大翁帐、国舅小翁帐。辽代二百多年中，几乎所有皇后都出自这四房，后权的争夺也主要在四房当中展开。到了天祚帝耶律延禧这一代，有力量竞争后权的是国舅大父房、国舅大翁帐和国舅小翁帐。这个案件的主要当事人文妃萧瑟瑟，属于国舅大父房；皇后萧夺里懒和元妃萧贵哥是姐妹俩，属于国舅大翁帐；德妃萧师姑，属于国舅小翁帐。那么后族争夺权力，主要是争什么呢？争皇后的位子，争北府宰相的位子，肯定都是题中之义。但最为重要的，还是争夺皇位。也就是说，力争让自己这房的后妃所生的皇子将来能坐上皇帝宝座，这样，自己这房掌握了最高权力，才能保障皇后的位子和北府宰相的位子坐得稳，甚至可以当上北、南两院枢密使。所以，二百多年来争得国无宁日的焦点，主要集中于争储。天祚朝也不例外。

前面我们说过，属于国舅小翁帐的德妃萧师姑，本来作为四房之一是有竞争力的，可是母子殒命，就退出了后族权柄的角逐。现在只剩下国舅大父房和国舅大翁帐两派竞争。文妃及其子耶律敖卢斡是后族国舅大父房的代表，身边聚集了一帮国舅大父房的“外戚”势力，最主要的是文妃的姐妹和她们的丈夫。文妃排行老二，她还有一个姐姐和一个妹妹。姐姐嫁给耶律挞曷里，妹妹嫁给耶律余睹。耶律余睹不是一般人，此人属于皇族近支，意气雄豪，为人慷慨，是一个杰出的将才，在辽军中担任副都统，很有威信。另外，这一派中还有文妃的弟弟萧昱，当时与公主结婚，被封了驸马都尉。另一派是代表国舅大翁帐的元妃和她的两个儿子耶律定和耶律宁。作为后援力量的，是元妃的姐姐皇后萧夺里懒和哥哥萧奉先。皇后萧夺里懒因为生下两个儿子都夭折了，自己也不能再生育，就把希望寄托在妹妹所生的儿子身上，这也是人之常情。她们的哥哥萧奉先，当时担任朝廷的枢密使，被封为兰陵郡王，是辽朝的当权人物，也是有更大政治图谋的人。他深得天祚帝信任，把持朝政近十年。和文妃那边的耶律余睹一样，他是元妃这一派的主心骨。“文妃案”就是在两派争储的背景下发生的。

先说文妃这边。文妃萧瑟瑟是一个很有才华的女子，可是她和自己的祖母、道宗朝的懿德皇后萧观音一样，也被自己的才华所累。而且文妃和其祖母不一样的地方，是她的政治抱负犹胜于祖母。萧观音流传于后世的，大都是关于个人情感的诗作；文妃不同，流传下来两首极为有名的诗作——《讽谏歌》《咏史》，全是关注当朝政治的。可以说，她对于大辽的国运有很强的责任感。而自己的夫君耶律延禧，却是一个整天盘游无度、荒废国事的皇帝；并且亲小人，远贤臣，把国家搞得一团糟。外部完颜阿骨打领导的女真人趁势崛起、不断蚕食辽朝疆土，内部契丹人自己的反抗活动也此起彼伏，都以废黜天祚帝这个昏君为口号。面对这样的局势，文妃作《讽谏歌》劝谏夫君：

勿嗟塞上兮暗红尘，勿伤多难兮畏夷人；
不如塞奸邪之路兮，选取贤臣。
直须卧薪尝胆兮，激壮士之捐身，
可以朝清漠北兮，夕枕燕云。

大意是说，不要因为有战事而产生忧惧，也不要害怕女真人。在朝廷内我们阻塞奸邪之路，亲近贤臣，量才委用，加上卧薪尝胆的奋斗决心，激励忠勇之士不惜为国捐躯，在极短的时间内，大辽就可以扫荡敌军、平定从大漠到燕云的广袤国土。

这首诗不但有对夫君的鼓励，意气雄豪，而且更体现出文妃的政治见识。她知道辽朝一切问题的根子在于内政。天祚帝亲小人，远贤臣，以致大量的官职不得其人，不但抵御不了女真的攻击，还在契丹内部逼迫出更多的反抗。为今之计就是整顿朝纲，重走正确的干部路线，亲贤臣，远小人，只要有决心，荡平女真不在话下。要知道，当时辽朝的发祥之地上京一带已经被金军攻破，在这种情况下还能有这种信心，体现了文妃虽为女子，但意志力却是比较坚韧的。

但可惜，面对这样的贤内助，天祚帝却依然我行我素，游猎无度，即使在被金军打得仓皇逃离幽州之后，仍然在剩下的地盘上享受快乐时光，政事仍然主要交给萧奉先这样的佞臣去把持。文妃看到对丈夫隐晦的劝谏不起作用，就决定升级，更加明白地提醒丈夫，注意身边的奸佞小人贻误国事。她借古讽今，以秦朝的权奸赵高蒙蔽秦二世，使秦二世身死国灭的史实来譬喻当今朝局，作《咏史》一首。诗曰：

丞相来朝兮剑佩鸣，千官侧目兮寂无声。
养成外患兮嗟何及，祸尽忠臣兮罚不明。
亲戚并居兮藩屏位，私门潜畜兮爪牙兵。
可怜往代兮秦天子，犹向宫中兮望太平。

这首诗表面上说秦代的奸臣赵高蒙蔽皇帝、阻塞言路、大权独揽，弄得民不聊生、反抗者蜂起。秦二世被赵高糊弄得一塌糊涂，整天就在深宫里面玩乐，以为任用赵高就能治理好天下，自己可以坐享太平。秦二世最后什么下场，大家都很清楚。其实，明眼人都看得出来，这是在讽刺当时辽朝的最高军政长官——北院枢密使萧奉先，说他势焰熏天、罢斥忠良，百官侧目，没人敢和他作对；他把自己的亲朋故旧安插在重要职位，享有高官厚禄；自己在府邸私蓄武装，居心叵测；在朝外导致女真人成为心腹大患。在这样的情况下，皇帝怎么还能在深宫里面耽于享乐而期望天下太平呢？

这首诗传开后，天祚帝看到了，他肯定明白文妃在说什么，但他没有对朝政进行调整，更没有罢斥萧奉先，而是讨厌起自己这个苦口婆心劝谏的妻子了。萧奉先看到这首诗，恼羞成怒，对文妃恨之入骨。本来他的亲外甥就和文妃的儿子耶律敖卢斡存在竞争关系，现在更是让他铁了心要和文妃对着干。于是他紧锣密鼓地谋划，寻找机会，必欲除之而后快。

虽然萧奉先铁了心要除掉文妃和耶律敖卢斡，让自己的外甥上位。但其实他的妹妹元妃和他的外甥们倒是并不热衷于皇位。元妃是一个宽厚的人，也没什么政治抱负。史书上记载了她的一件事，可以看出其为人：有一天中午，元妃在睡午觉，有一个侍从进入她的房间，偷走了一件贵重的貂皮衣服。元妃已经看出这人是谁了，可是她一直没有声张，事情过后也佯装不知，没有追究。可见，她并不是刁钻刻薄的后宫女主，也没多大的权力欲。可是涉及儿子发展前途的事，站在母亲的角度她怎么能阻拦呢？而且儿子继位，最起码能够保障家人免于日后受害，所以她虽不热衷于争储，但也被绑在了萧奉先的战车上，身不由己。文妃看到自己的夫君天祚帝实在是不可救药，心灰意冷，就把希望寄托在自己的儿子耶律敖卢斡身上，希望他能担当大任，挽救大辽。耶律敖卢斡在天祚帝活下来的几个儿子中年龄居长，当时被封为晋王，在朝野上下威望很高。一则因为他饱读诗书，有才华；二则因为他为人宽厚，这一点倒和对立派的元妃很像。史书上也记载了一件事情：当时辽朝宫廷是不允许内侍读书的，大概是怕他们读了书干预朝政；如果发现谁读书，要给予严惩。有一次，耶律敖卢斡在宫里和几个兄弟一起玩，发现一个内侍在看书。内侍看到自己读书被皇子发现了，吓得要死，可耶律敖卢斡并没有追究这事，而是把内侍正在读的书要过来藏在袖子里，免得被其他皇子发现。事后还让内侍不要把这事说出去。可见耶律敖卢斡也是个有人君之度的皇子。所以他在辽朝得到很多大臣拥护，立他为储君的呼声也很高。文妃看到丈夫不可救药，自然就把希望寄托在儿子身上，“换人”的心思肯定是有的。为此她也和自己的姐夫、妹夫交流看法，但应该还没有到付诸行动的时候。可是站在他们对立面的萧奉先只要逮到一点机会，就要大做文章，趁机扳倒他们。公元1121年正月，文妃和她的姐妹在军中见了一次面。这次见面，可能是出于以下两个因素：首先，几个月来，姐妹几人和自己的丈夫跟着天祚帝被金兵追得东奔西跑，这次获得一个喘息之机，亲人见面互报平安，叙一叙国破家亡之苦，互相安慰一下；其次，大家说起被金兵追得到处跑的狼狈经历，自然就会说到他们所认为的罪魁祸首——萧奉先，由萧奉先又会说到让萧奉先得势的天祚帝，不免就会有怨言。至于到底有没有下定决心，想采取行动废黜天祚帝，这个证据不足，我们不敢断言。但是这一次会面，却让一直在旁边等待的萧奉先逮到了机会。他得知这一消息后，马上指使党羽出面，向天祚帝控告说，文妃和她的姐夫耶律挞曷里、妹夫耶律余睹以及弟弟萧昱一起密谋篡位，想把天祚帝废为太上皇，拥立文妃的儿子晋王耶律敖卢斡为皇帝。现在已经是箭在弦上，一触即发了。

这段时间，天祚帝虽然被金兵追得疲于奔命，但还是忘不了玩乐，天天有空就去打猎，好像不把政事放在心上。可是接到这个危及皇帝宝座的告发，他还是大为紧张，马上下令把驸马都尉萧昱和耶律挞曷里处死。至于文妃，天祚帝最后也下令赐死。我们在前面说过，文妃本是天祚帝最宠爱的妃子，但是因为写诗讽谏，让天祚帝不太待见了。现在发生了这样的事，天祚帝内心肯定也是极为纠结的。宠爱了那么多年，虽说现在不太喜欢了，可要痛下杀手还是很难决断。再说了，天祚帝的祖母懿德皇后萧观音就是在几十年前，因为写诗而被诬赐死的，天祚帝也因此在很小的时候就变成了孤儿，身世坎坷。杀和祖母一样有才华的文妃，肯定会让他抚今追昔；可是，这件事毕竟涉及他的皇位，如果文妃真的有谋立晋王之心，那就是她不顾念夫妻情分，留着肯定是个威胁。最后，天祚帝心一横，皇位最重要，杀！就把文妃赐死了。

耶律余睹作为文妃这一派的核心人物，自然也在被清算之列。不过幸运的是，他当时领兵在外，没有马上被抓起来处死。他听说了萧奉先发难，自己的姐夫、小姨子、小舅子全都被杀的消息后，心中大为恐惧，哪里还敢停留，立马带着自己的亲兵铁骑千余人向金朝控制的地界逃去。

天祚帝听说耶律余睹率军逃往金朝地界，当下大怒，更坐实了萧奉先所控告之事属实。马上下令北府宰相萧德恭、四军太师萧干带兵火速去追，务必要捉拿到耶律余睹让其伏法。同时，他在考虑另一个问题，对于此次“事变”的根源——自己的儿子晋王耶律敖卢斡，究竟该怎么处理呢？

二、天祚朝“文妃案”（下）

天祚帝派去追耶律余睹的是当时任北府宰相的萧德恭和四军太师萧干。这两个人奉命之后马不停蹄，倒是追上了耶律余睹。可是，他们也清楚这件事的前因后果，心里也在纠结，就商量起来：天祚帝在朝廷里只相信萧奉先的话，萧奉先一手遮天，平时根本不把我们这些大臣放在眼里。耶律余睹是皇族中的杰出人物，平时只有他敢不买萧奉先的账，所以才招致此祸，叛逃敌国。现在皇上让我们来追，如果抓住耶律余睹，把他杀了，这不是正合了萧奉先的心意吗？兔死狐悲，物伤其类，耶律余睹一死，以后说不定哪天，我们也要步他的后尘。还是放他一马，与人方便，与己方便。商量停当之后，他们就放走了耶律余睹，回去向天祚帝报告说，耶律余睹跑得太快，他们没追上。

从几个大臣对这件事的态度，我们可以看得出来，虽说文妃这一派和元妃这一派的较劲是后族国舅大父房和国舅大翁帐的立储之争，不能说谁好谁坏；但朝廷里面有很多人，确实憎恶一手遮天的萧奉先，比较倾向于耶律敖卢斡，同情耶律余睹。

天祚帝见萧德恭等人没有把耶律余睹捉回来，非常生气，马上就要下令治罪。这时候，萧奉先倒做起了好人，替萧德恭他们说好话，向天祚帝解释，希望天祚帝赦免萧德恭等人。天祚帝听了萧奉先的话，就不再追究了。可是怎么处理自己的儿子晋王耶律敖卢斡，仍然是让他伤脑筋的事。耶律敖卢斡是他的亲生儿子，现在又是长子，比较优秀，在朝野比较得人心；况且萧奉先在告发时也没有说耶律敖卢斡参与了此次的废立密谋。可是，在帝王之家，涉及皇帝宝座的事，儿子杀老子、老子杀儿子的例子实在是太多了，他也不敢掉以轻心，纠结了许久，最后决定以不变应万变，暂时让一切都维持原状。耶律敖卢斡因此得以暂时逃过一劫，幸免于难。可是，此事在天祚帝内心引起的变化仍然是无法消除的，也为一年后耶律敖卢斡的遇害埋下了祸根。

从“文妃案”案发到耶律敖卢斡遇害，中间整整过了一年。这一年当中，天祚帝的日子越发难过，金军继续大举进犯，军锋比以前更盛，追得他惶惶如丧家之犬，东躲西藏。而金军之所以打辽军犹如摧枯拉朽，一个很重要的因素就是被天祚帝和萧奉先逼走的耶律余睹投降了金朝，使金朝对辽朝的虚实了如指掌，这对天祚帝和害人害己的萧奉先来说，可谓是一个绝妙的讽刺。而对于耶律余睹和他的外甥耶律敖卢斡来说，命运也显得很讽刺。耶律余睹被萧奉先逼反，此次是带着对天祚帝和萧奉先的刻骨仇恨杀回去的，是为了一雪前恨。可是吊诡的是，他杀回去却直接导致了自己的外甥耶律敖卢斡死于非命。这又是怎么回事呢？

耶律余睹在逃往金朝的过程中，除了自己的一千多名亲兵外，还陆续召集了契丹部族三千户，带着车五百辆、牲畜万头，一路走到当时已经属于金朝的咸州，也就是今天的辽宁开原。然后，他派人去见金主完颜阿骨打，说了自己投金的前因后果，也表明了自己对金朝的利用价值。有契丹的皇族近支来投，完颜阿骨打非常高兴，以宰相规格设宴招待耶律余睹。耶律余睹作为契丹皇族，被自己的皇帝逼迫得亡命出逃，如今来到敌国，却受到如此荣宠，当然是备受鼓舞，马上把自己掌握的辽军情形向完颜阿骨打和盘托出。完颜阿骨打听得非常仔细，听完后，更加坚定了灭辽的决心。马上给接近辽朝的咸州都统司下令：有契丹的大人物来降，我如今对辽朝的军情了如指掌，决定御驾亲征。你们马上整顿军队，等我的进一步指令。可见，耶律余睹对于金朝，确实有很高的利用价值。

可是完颜阿骨打为什么没有马上出兵，还让军队等待进一步指令呢？因为他在等北宋军队的消息。原来，这里涉及有名的“海上之盟”。

简单来说，完颜阿骨打起兵反辽而建立金朝，宋朝一直想夺回被辽朝占领的幽云十六州，所以宋金双方为了对付共同的敌人，就走到了一起。这听上去是一个明智的选择，可是当时的北宋，也已经在亡国之君宋徽宗赵佶的统治之下日薄西山了，国内问题一大堆。所以对出兵攻辽之事一拖再拖。完颜阿骨打等的就是北宋那边准备停当。可是左等右等，自耶律余睹来降以后都等了快一年，北宋那边愣是没动静。后来，完颜阿骨打也失去耐心了，认为北宋已经背约，“海上之盟”不作数了，就决定自己动手。于是，公元 1121 年底，完颜阿骨打命令耶律余睹为先锋，派自己的弟弟完颜杲为全军统帅，挥兵渡过辽河往西打，直取辽朝中京，也就是今天的赤峰宁城县一带。由于耶律余睹非常清楚辽军的虚实，金军士气又盛，所以一个多月里势如破竹，很快攻占了中京，几乎把辽朝的草原腹地蹂躏了个遍。

天祚帝这时候在干什么呢？这位皇帝，几年来眼见国土一片片沦丧，祖陵都被挖了，他老人家的娱乐活动却一直没停过，可谓是无愁天子。金军攻破上京、中京的那段时间，他还在幽州一带游猎。在这之前，有些大臣看不下去了，觉得君臣这样下去怎么得了，军国大事总得有人负责。于是，当时担任平章事的左企弓，就向天祚帝报告了祖陵被金军破坏、抢劫的情况，并提出了一些抵御敌军的看法。其实，按照辽朝的体制，这些事都不该由左企弓管，而是由主管全国军事的北枢密院负责。但是北枢密院由萧奉先掌控，萧奉先知道金军攻破京都、破坏祖陵，自己作为枢密使是有责任的，所以就没有向天祚帝如实报告。左企弓这样做，其实是将萧奉先的军，也是提醒皇帝：这些事，主管军事的枢密使萧奉先跟您说了没有？这本来是好意，但是天祚帝一听，第一反应不是大怒、惩治萧奉先，而是责问左企弓越级报告不合体制。左企弓回答说，国家形势都到这种地步了，我哪里还只敢想着自我保全、遵从惯例呢？从这一席君臣对话中可以看出来，天祚帝的关注重点不是当下局势，而是朝廷的体制必须被臣子遵行，因为这是他皇帝宝座的根本保障，不能破例。他的这种考虑也不能说不对。这也是文妃和耶律敖卢斡惨遭横死的深层次原因。

不过，天祚帝虽然因为不合体制训斥了左企弓，但不能保京都、祖宗陵寝被挖，对一个皇帝来讲毕竟是脸上无光的事。于是，他把这事的直接责任人萧奉先召来责问。结果萧奉先这个家伙巧舌如簧地说：之前金军确实开始侵犯祖陵、抢劫物品，但祖陵毕竟有我大辽列位先皇的威灵在，金军惧怕，并未敢毁坏。现已责成有关部门修复和保护。这事被搪塞过去了，天祚帝也没再说什么。毕竟现在最紧迫的事是怎么应付金军，还需要和萧奉先经常商议政策。金军攻破中京以后，天祚帝觉得幽州也不能再待了，就和萧奉先及一众皇亲国戚一溜烟跑到了居庸关以南的鸳鸯泊，就在今天的河北张北，并在当地建立了行宫。惊魂甫定，一打听金军那边的情况，知道先锋是一年前被自己逼反的耶律余睹，天祚帝内心极为恐慌。他知道耶律余睹肯定深恨自己，并且耶律余睹原来是辽军骁将，熟悉辽军的军情，打起辽军来肯定得心应手，自己这边没有还手之力。于是，就和萧奉先商量对策。

萧奉先这么跟皇帝分析：耶律余睹虽然和您有仇，但他也是大辽皇族后裔，不会希望大辽亡国的。他之所以带金军打回来，其实目的只有一个，就是想拥立自己的外甥晋王耶律敖卢斡即皇帝位。如果断了这个念想，他自然就没有动力给金人效力了。皇上如果能为社稷考虑，不惜一子，把晋王的罪责昭示天下，明正典刑，耶律余睹没了拥立对象，自然就会退兵的。这样，我们不战而退人之兵，危机就可以解除了。

萧奉先的话，杀伤力很大。因为一年前才发生了文妃等人意图“拥立”耶律敖卢斡的事件，天祚帝心里余悸犹在。现在跟那件事有牵扯的耶律余睹又带着敌军兵临城下，这其实是让天祚帝在他自己和儿子之间作出抉择：是保住儿子的命还是保住自己的皇位？可以想象，天祚帝当然是选择自己的皇位。不过，儿子耶律敖卢斡虽然是威胁到了自己的皇位，但毕竟都是外人想拥立他，他自己并无逼迫君父的图谋，之前之所以饶他不死，也是这个原因。如今如果因为同样的事由把他杀了，未免有点难以服众。所以天祚帝一直在纠结当中。

俗话说，祸不单行。就在天祚帝纠结的当口，偏偏又发生了一件事。辽朝有一个官员想废掉天祚帝、拥立晋王登基，以此抵抗金军。这个计划还处在酝酿阶段，就被萧奉先得知，他马上汇报给天祚帝。我们可以想象，萧奉先肯定是带着自得的语气给皇帝说这事的：看，我没说错吧，晋王耶律敖卢斡就是威胁皇位的一个祸根。只要他还在，您的位子就坐不安稳。天祚帝一看，这下不得不信了，不管耶律敖卢斡自己有没有这个意思，但所有“谋逆”的活动都以晋王作为名日，如果儿子不死，他自己想寻求的安定团结的政治局面始终无法变成现实。因此，下定了决心，派人去杀耶律敖卢斡。但是天祚帝自己也知道，杀自己的儿子没有那么理直气壮，史书上说“不忍加诛，令缢杀之”。

晋王耶律敖卢斡向来被视为贤明皇子，颇得人心。天祚帝的命令一下，有人马上将消息透露给耶律敖卢斡，劝他赶快逃走，由此，也可以看出在皇储之争中的人心所向了。可耶律敖卢斡饱读诗书，对于儒家那一套君臣父子之义深信不疑，他听说父皇要杀自己，反倒显得很冷静，坦然受之。他说，怎么能为了自己的小小躯体而失去为人臣为人子的大节呢？最后坦然赴死。这个行为让我们体会到，这位皇子是一个明大义、有气节的人。史书上评价他说，跟春秋时期晋国含冤受死的“恭世子”申生相比，耶律敖卢斡也毫不逊色，都是尽忠尽孝的楷模。耶律敖卢斡一死，消息传开，以前对辽朝局势还抱有一线希望的人，全都心灰意冷了。耶律余睹听说了自己外甥被杀的消息后，并未像天祚帝期望的那样退兵，而是心中恨极，带兵直逼天祚帝的行宫。

天祚帝一看，自己的亲生儿子已经被杀了，“祸根”已绝，耶律余睹反而追杀得更加起劲了，当下就慌了神。他知道根本无力抵抗，还是走为上计，于是带着几千骑兵和自己的妃嫔、子女、亲贵大臣，一路往西逃跑，先是跑到西京大同府，见金军穷追不舍，又马上舍弃西京往西北方向逃。在这期间，传国玉玺丢了，随从的骑兵也逃散得只剩几百人了。天祚帝一行人，无路可逃，只好躲进了夹山，就是今天内蒙古武川县北边的大山里。大家想想，逃进了大山，既无城池可守，也没有行宫可以栖身，只有身边簇拥着的几百号人，天祚帝耶律延禧的辽帝国，就变成一个不折不扣的“流亡政府”了，他和占山为王的草寇相去不远。

此时别说什么复国大计，能每日苟延残喘就不错了。看到这冷冷清清、凄凄惨惨的局面，天祚帝心里真是翻江倒海。仔细想想，是谁让我从万乘之尊的大辽皇帝变成如今躲进深山的孤家寡人的？这才有所醒悟，知道自己一直依靠的萧奉先有问题。但是事已至此，又能怎么样呢？把萧奉先杀掉泄愤也于事无补。再说，国事至此，自己这个皇帝难道就没责任吗？考虑到这些，天祚帝心灰意懒，有气无力地对萧奉先说，你们父子蒙蔽我，弄得国事不可收拾，害我落到如今这步田地，现在就算杀了你们，又有什么用处呢？但是你们父子把国家弄成这个样子，所有躲进这大山里的人，可以说都是拜你们所赐，军心愤怒，如果有一天，他们想杀掉你们泄愤，我也无法阻止。你们不要跟着我了，自己去寻活路吧。

萧奉先可谓是害人害己的活样板。为了让自己的外甥能当上皇储，费尽心思和文妃一派斗，陷害进谗这些手段全用上了。最终怎么样呢？竞争对手被除掉了，可是自己这边不但皇储的“毛”没争到，连皇位这个“皮”都弄没了。看着周围群情汹汹，他也只好和儿子痛哭一场，然后带着自己的几个随从离开天祚帝，往夹山外走去。结果没走多远，身边的随从觉得跟着他们父子俩没前途，不如把他们抓起来送给金军作为见面礼，于是就把萧奉先父子捆绑起来送给了金军。

金军一看，好啊，堂堂大辽的最高军政长官被送上门了，也省了不少功夫。他们杀了萧奉先的儿子，然后给萧奉先戴上刑具，准备押送到国都让金主完颜阿骨打处置。或许是天祚帝和萧奉先的君臣缘分还没尽，结果送出不远，半路上又碰到辽军，萧奉先被辽军夺回，再一次送到了天祚帝所在的夹山。

躲在山里当皇帝当得郁闷的天祚帝一看，萧奉先又被送回来了。上次他没杀萧奉先，但是萧奉先被金军俘虏的经历可能让他意识到，大辽的高官被金军俘虏，这也是朝廷的耻辱。如果再让萧奉先自谋生路，他又被金军抓住怎么办？于是就下令把萧奉先处死。这就是萧奉先最后的下场，他为了争储害死了文妃和晋王耶律敖卢斡，逼反了耶律余睹，自己也是什么都没捞到，惨淡收场。

那么，其他相关当事人的下场如何呢？按时间先后顺序，大概是这样：萧奉先的妹妹皇后萧夺里懒和元妃萧贵哥，都跟从天祚帝逃难。皇后在逃难期间病死，元妃在晋王耶律敖卢斡死后不到半年，被金军俘虏；他的儿子秦王耶律定和许王耶律宁同样做了金军的俘虏。被逼反的耶律余睹，为金朝灭辽当前驱开路，但后来一直不怎么被金人信任。对于他的最后结局，《辽史》说他不被信任之后又逃往西夏，但不被接纳，郁郁而死；《金史》则说他不被信任就意图谋反，最后被金人所杀，不管哪一个是准确的，应该可以确定他的结局比较惨淡。天祚帝呢？杀妻灭子是为了保证自己的皇位，结果也是人算不如天算，就在他杀死晋王耶律敖卢斡之后，对他失望的辽朝大臣，先后拥立了他的叔叔耶律淳、他的儿子耶律雅里当皇帝，把他废为王。当然，因为天祚帝一直躲在夹山里，后来的这两个皇帝都管不了他，天祚帝可能还是一直维持着皇帝的排场。但是，先后出现两个新皇帝，对于杀死儿子想保住自己皇位的天祚帝耶律延禧来讲，实在是一个极大的讽刺。就在“文妃案”结束后两年多，躲在夹山里的天祚帝最后还是当了金军的俘虏，立国二百余年的大辽王朝就此灭亡。

回过头再来看这个案件，以往史籍记载的都是“天子圣明、臣罪当诛”那一套，把责任归罪于萧奉先的奸佞。这其实有点冤枉萧奉先。首先，这个案子是不是完全无中生有的诬告，根据资料我们今天也很难确定；其次，争储的戏码历朝历代都有，最后的结局，都是皇帝才能定夺，最大的责任人应该是天祚帝耶律延禧。对于天祚帝，后人多指责他糊涂，为奸臣蒙蔽而残害骨肉、杀妻灭子。从人性、人道的角度来讲这当然没错，但我们也可以从他作为一个皇帝的角度来想想，皇帝的行事逻辑与常人肯定有别。对他而言，皇权是第一位的，就后族分掉一部分权力，甚至后族内部的争斗，只要不威胁皇权，那就可以容忍。但是如果他认为妻子儿子的存在确实给危及皇权的行动提供了名目，那就要消除这种危险。文妃和耶律敖卢斡的悲剧，以及天祚帝对左企弓越级上报的注意超过了现实的形势需要，都是这一逻辑的产物。